상처받은 유년의 나와 화해하는 법
나는 상처를 가진 채 어른이 되었다

AICHAKU SHOGAI
ⓒ Takashi Okada 2011
All rights reserved.
Original Japanese edition published by KOBUNSHA Co., Ltd.
Korean translation rights arranged with KOBUNSHA Co., Ltd. through
KODANSHA LTD., Tokyo and Tony International, Seoul.

이 책의 한국어판 저작권은 KODANSHA LTD와 토니 인터내셔널을 통해
권리자와의 독점계약으로 한국경제신문 (주)한경BP에 있습니다.
신 저작권법에 의해 한국 내에서 보호를 받는 저작물이므로
무단전재와 무단복제를 금합니다.

상처받은 유년의 나와 화해하는 법

나는 상처를 가진 채 어른이 되었다

오카다 다카시 지음 | 김윤경 옮김

프런티어

PROLOGUE

왜 우리는 상처를 안고 어른이 되었나

우리가 행복하게 살아가는 데 필요한 것 중 하나는 바로 안정된 애착이다. 부모 또는 특별한 사람과 맺는 정서적 유대, 즉 애착이 잘 이뤄지지 않으면 우리의 마음은 고스란히 상처를 입게 된다. 애착이 빚은 이 상처는 어른이 되어도 낫지 않고 우리를 괴롭히며 인생 전반에 걸쳐 부정적인 영향을 미친다.

　이처럼 애착은 한 사람의 인생을 좌우할 만큼 중요한 부분이다. 유년 시절 어떤 애착이 이뤄졌는가에 따라 사람은 저마다 특유의 애착 유형을 지니게 되는데, 이 애착 유형에 따라 대인관계뿐 아니라 일하는 방식과 삶을 대하는 자세가 크게 달라진다.

　안정된 애착 유형을 지닌 사람은 대인관계는 물론 업무에도 적응력이 뛰어나다. 다른 사람들과 원만히 지낼 뿐 아니라 깊은 신뢰관계를 형성한다. 그리고 그 관계를 오랫동안 유지함으로써 결국 커다란 결실을 이루게 된다. 또 어떤 상대에게나 자신의 의견을 분명히 전달하면서도 불필요한 충돌과 고립을 피할 수 있다. 그러면서 혹 어려운 일이 생기면 도움을 청하고 자신을 안전하게 보호할 수 있어 스트레스가 우울증으로 진행되는 일도 적다.

반대로 불안정한 애착 유형을 지닌 사람은 대인관계는 물론 업무에서도 문제가 생기곤 한다. 이런 사람들은 타인은 자신에게 상처를 주고, 나를 비난할 것이라 피해 의식에 빠져 있는 경우도 있다. 또한 자신은 쓸모없고 사랑받을 수 없는 존재라 생각하기도 한다. 그렇기 때문에 부정적인 감정에 사로잡히기 쉽고, 사소한 일에 집착해서 분노를 타인 혹은 자신에게 표출하기도 한다. 이러한 사람이 어떻게 원만한 대인관계를 유지하고, 행복한 삶을 살아갈 수 있겠는가.

나는 지금까지 인격장애나 발달장애로 괴로움을 겪는 많은 이들을 치료해왔다. 이를 통해 어린 시절에 형성된 애착관계와 양육 환경이 인격장애는 물론 발달장애에 적잖은 영향을 미친다는 사실을 알 수 있었다. 애착이 성장 발달이나 인격 형성의 토대가 된다는 사실은 아주 당연하다. 어떤 애착이 이뤄지는가 하는 점은 선천적으로 타고난 유전적 요인만큼이나 그 사람의 일생에 큰 영향을 미친다. 그런 의미에서 애착 유형은 '제2의 유전자'라 이를 수 있을 것이다.

왜 자꾸 다른 사람의 시선을 신경 쓰는 걸까. 왜 자신을 당당하게 보여주기 두려울까. 왜 본심을 감추고 상대에게 맞추는 걸까. 왜 거부당하거나 상처받는 일에 민감해지는 걸까. 당신은 이미 불안정한 애착관계 속에서 상처를 받았기 때문이다. 그래서 남들보다 더 상처를 받는 제2의 유전자를 지니게 된 것이고, 또 그래서 상처받는 일에 더욱 민감해지게 되었다.

나는 이러한 애착 문제와 그로 인해 타인과의 관계에서 얻은 상처를 극복하고 치유하는 법을 이 책을 통해 알려주고자 한다. 이해를 돕고자 헤밍웨이, 장 주네, 나쓰메 소세키, 다자이 오사무와 같은 작가들 그리고 미국의 대통령 버락 오바마와 빌 클린턴, 애플의 창업주 스티브 잡스, 희극왕 찰리 채플린, 영화배우 말론 브란도 등 유명인들의 사례를 들었다. 이들은 언뜻 자신의 분야에서 큰 족적을 남기고 화려한 삶을 살다 갔거나 지금도 그것을 영위하고 있는 것처럼 보이지만 그 이면엔 어두운 애착의 문제가 자리하고 있었다는 걸 깨닫게 될 것이다.

그리고 책 말미에는 애착 유형 진단 테스트를 수록해 자신의 애착 유형을 알 수 있도록 했다. 이 과정에서 깃털이 수북한 둥지처럼 포근한 애착의 터전을 확인하게 될 수도 있고, 자신도 모르는 사이 상처를 입은 유년의 나를 발견하게 될지도 모른다. 당신의 마음속에서 여전히 아파하며 울고 있는 그 아이와 화해하려면, 우선 당신 스스로 마음을 열고 따뜻한 손을 건네어 그 아이를 충분히 위로해야 한다. 이러한 과정 속에서 비로소 자신의 상처를 이해하게 될 것이다. 이후엔 그 상처를 극복하기 위한 올바른 모색과 점진적인 노력이 필요하다.

아무쪼록 《나는 상처를 가진 채 어른이 되었다》 이 책을 통해 참된 나를 발견하고 진정한 의미의 상처 회복과 치유에 이르는 데 중요한 실마리를 얻을 수 있기를 바란다.

오카다 다카시

차례

004　PROLOGUE. 왜 우리는 상처를 안고 어른이 되었나

CHAPTER 1.
상처는 어린 시절 시작됐다

014　포옹에서 모든 것이 시작된다
022　생존까지 위협하는 '애착'의 끈
029　"언제나 곁에 있지 않아도 괜찮아요"_애착이라는 안전기지
033　살아가는 방식을 지배하는 제2의 유전자
041　눈을 가린 채 운전을 한다면_애착장애의 위험성

CHAPTER 2.
단단한 껍질로 덮여 있는 마음의 상처

048　인정받지 못하는 외로움을 비뚤한 행동으로 달래던 도련님
070　어덜트 칠드런, 애정결핍의 또 다른 이름
083　"태어나서 죄송합니다"_자기부정의 늪

088 엄마의 우울증, 상처받는 아이
092 가능성을 이끌어내는 타인과의 관계

CHAPTER 3.
애착의 상처와 마주하라

098 적절한 거리를 유지하세요
106 상처에 사로잡히는 당신
112 나는 너를 그리워하고 있다 _**부분에 대한 집착**
117 지나친 고집, 심술 맞은 반응
122 애착은 모든 발달의 토대가 된다
129 이상한 집착
133 자식에 대한 강한 저항
140 어릿광대를 연기하다
144 비행을 부르는 애착의 상처
156 부재로 인한 그리움은 방랑을 부른다
164 상처 입은 자기애의 심리
168 창조의 꽃을 피우다

CHAPTER 4.
당신은 어떤 상처를 가졌나요

- 174 당신의 애착 유형은 무엇인가요?
- 180 사랑하는 사람을 위한 희생
- 185 슬픔과 마주하는 시간
- 190 나는 어떤 사람인가 _ 성인애착검사

CHAPTER 5.
어른이 되지 못한 내 안의 나

- 198 안정적인 유대감을 느낀다 _ 안정형 애착 유형
- 200 귀찮은 일은 딱 질색이야! _ 회피형 애착 유형
- 208 왜 남의 눈치를 살필까 _ 불안형 애착 유형
- 219 마음의 모순을 안고 있다 _ 공포·회피형 애착 유형

CHAPTER 6.
상처받은 유년의 나와 화해하라

228 근본적 회복을 위한 열쇠, '애착'
236 그들은 어떻게 회복한 것일까
244 변함없는 사랑만이 우리를 구원한다 _ 안전기지가 되어주는 존재
250 "정말 좋은 사람이에요"
258 동심의 회복
263 상처받은 애착의 회복 _ 자기치유 작업
270 과거와의 화해
277 친밀한 관계를 만들어간다 _ 애착회피의 딜레마
282 '내 안의 부모' 와의 만남

288 EPILOGUE. 이제 '진짜 어른' 이 되어야 할 시간
291 부록. 애착 유형 진단 테스트

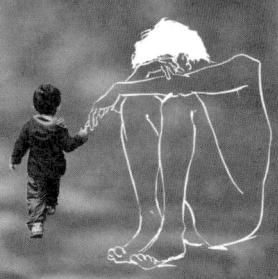

CHAPTER 1

상처는 어린 시절 시작됐다

포옹에서 모든 것이
시작된다

　　　　대인관계에 민감한 사람이 많을 것이다. 이런 사람은 상대의 눈치를 지나치게 살피느라 정신적으로 피로해지기 쉽다. 또 대립하고 싶지 않아 웬만하면 상대에게 맞추는 식의 태도를 보인다. 한편 표면적인 대인관계를 추구하는 사람도 점차 늘고 있는데, 이런 사람은 다른 사람과 친밀한 관계를 맺는 걸 성가시게 여긴다. 그래서 결혼을 구속이라 생각하며 거부하기도 하고 직장에선 업무적인 관계는 유지하지만 그 이상의 관계를 맺으려 하지 않는다.

　자신도 모르는 사이 이러한 대인관계 성향을 빚어내는 것이 바로 애착 유형이다. 애착 유형은 그 사람의 근본을 이루며 대인관계뿐 아니라 우리의 감정과 인지 그리고 행동에 폭넓게 영향을 미친다.

힘든 일이 있으면 곧바로 다른 사람에게 상담을 하거나 도움을 청하는 사람이 있는 반면에, 아무리 곤경에 처해도 좀처럼 다른 사람에게 고민을 털어놓거나 도와달라는 말을 입 밖에 내지 못하는 사람도 있다. 또한 다른 사람에게 싹싹하게 굴며 금세 친해지는 사람도 있는가 하면, 몇 년이나 얼굴을 마주하면서도 전혀 거리를 좁히지 못하는 사람도 있다. 이러한 행동의 차이를 만들어내는 요인도 바로 애착 유형이다.

애착 유형은 다른 사람과 관계를 맺고 상대에게 위로나 지지를 얻으려 하는 행동에 작용한다. 뿐만 아니라, 자신이 도움이나 위로를 청했을 때 상대가 어떻게 반응할지에 대해 어떤 기대와 믿음을 가지고 있는가 하는 심리적인 면에도 작용한다.

다른 사람에게 도움을 요청해도 상처를 받을 뿐이라 생각하고 부모나 배우자조차 믿지 못하는 사람과, 가까운 사람은 모두 자신을 걱정하고 도와줄 것이라 믿는 사람은 당연히 행동이 다를 수밖에 없다. 그 행동의 차이는 가까운 사람과의 관계뿐 아니라 대인관계 전반에 영향을 미친다. 안정된 애착 유형을 지닌 사람은 상대가 도와주리라 믿기 때문에 실제로 스스럼없이 도움을 청하고 위로받을 수 있다. 하지만 불안정한 애착 유형을 지닌 사람은 거절당하지 않을까 하는 불안감에 선뜻 도움을 청하지 못하고 주저하거나 처음부터 아예 손을 내밀 생각조차 하지 않는다. 혹은 도움을 요청한다고 해도 방법이 서툴러 상대를 짜증나게 하거나 중요한 말을 꺼내지 못하는 탓에 결국 상대의 도움을 얻어내기 어렵다. 이러한 사람의 애착 유형은 엄마와의 관계를 시작으로 타인과의 관계 속에서 오랜 시간에 걸쳐 길러지게 된다.

아이는 자꾸 엄마에게 안기고 매달리려 한다. 안기고 몸에 닿으며 쉴 수 있는 존재가 필요한 것이다. 엄마가 아이를 안아주는 일은 모유를 먹이는 행위와 마찬가지로 아이가 성장하는 데 아주 중요하다. 아무리 많은 영양을 섭취한다 해도 충분히 안아주지 않으면 아이는 제대로 성장하지 못한다.

안아주고 스킨십을 해주는 일은 아이의 마음을 편안하게 해주는 원점이며 애착도 그 원점에서 자라난다. 아이를 안아주면 아이에게 엄마를 향한 애착이 생길뿐 아니라 아이에 대한 엄마의 애착도 점점 강해진다. 어떠한 이유에서든 아이를 잘 안아주지 않은 엄마는 아이에 대한 애착이 불안정해져 아이를 돌보지 않을 위험이 높아지는 것으로 드러났다.

아이가 울면 바로 안아주는 엄마는 아이와의 애착이 안정되기 쉽지만 우는 아이를 태평하게 그냥 내버려두는 엄마에겐 아이와의 불안정한 애착이 형성되기 쉽다. 안아주는 행위, 실로 본능적인 이 행동은 아이가 건강하게 성장하는 데 매우 중요하다. 포옹은 아이의 심리뿐 아니라 생리적으로 영향을 미친다. 아이의 성장을 촉진하는 성장호르몬이나 신경 성장 인자, 면역력을 높이는 물질, 심지어는 마음의 안정에 기여하는 신경호르몬이나 신경전달물질의 분비도 활발하게 한다.

포옹은 피부의 접촉이라는 감정적 교류와 더불어 '받쳐주고 지켜준다'는 의미가 함께 어우러진 행동이다. 자주 안겼던 아이는 언뜻 응석꾸러기같이 유약해 보이지만 실제로는 강인하고 다부지게 자라난다. 그 영향은 성인이 되고 나서도 지속될 정도로 크다.

이러한 스킨십은 생명과 이어질 만큼 중요하지만 애착이라는 현상은 단지 포옹이나 스킨십의 문제에 머물지 않는다. 애착이 성립되는 데엔 매우 중요한 또 하나의 요소가 있다. 일찍이 진보적이고 합리적인 사고를 지닌 사람들이 육아를 더욱 효율성 있게 실천하는 방법은 없는지 궁리한 결과, 엄마 한 사람이 아이 한 명을 보살피는 것은 낭비라는 결론에 이르렀다. 그보다는 여러 명의 부모가 시간을 분담해 아이들을 공평하게 보살피면 더욱 효율이 높아질 것이고, 더욱이 아이들은 부모에게 의존하지 않고 자립해 더 훌륭하게 자라날 것으로 믿었다.

이 '획기적인' 방법은 곧바로 실행에 옮겨졌다. 그런데 몇 십 년이 지나고 나서, 그렇게 자라난 아이들에게 중대한 결함이 생기기 쉽다는 사실이 밝혀졌다. 그 아이들은 친밀한 관계를 맺는 데 소극적이고 대인관계가 불안정한 경향을 나타냈던 것이다. 게다가 그 아이들 세대는 주위에 무관심하고 어떤 일에도 무기력한 성향이 두드러진다는 사실도 드러났다.

이는 이스라엘의 집단농장 키부츠(이스라엘의 농업 및 생활 공동체_역주)에서 시도한 실험에서 얻은 교훈이다. 효율을 중시하며 이뤄진 양육은 애착이라는 중요한 과제를 간과했던 것이다. 이러한 폐해는 유아기뿐 아니라 성인이 된 후에도 불안정한 애착 유형을 보이게 만들었다. 다만, 똑같이 키부츠에서 자라났어도 밤에는 부모와 함께 시간을 보낸 아이들에겐 이 악영향이 상당히 감소했다는 사실도 나타났다.

이러한 실험 결과는 애착의 특성 중 한 가지를 강조하고 있다. 바로 애착의 대상은 선택된 특별한 존재라는 점이다. 이를 '애착의 선택성'이라 한다. 애착은 어떤 특정한 애착 대상에 대한 특별한 유대감이다. 애착 대상은 그 아이에게 특별한 존재이며 다른 사람으로 대체되기 어렵다. 그 특별한 존재와의 사이엔 보이지 않는 끈이 형성돼 있다. 이것을 '애착의 끈'이라 한다.

아무리 많은 사람이 아이를 귀여워하고 스킨십을 충분히 해준다 해서 안정된 애착이 형성되진 않는다. 특정한 사람과의 안정된

아이는 자꾸 엄마에게 안기고 매달리려 한다.
안기고 몸에 닿으며 쉴 수 있는 존재가 필요한 것이다.

관계가 중요하며 많은 사람이 지나치게 관여하는 일은 오히려 애착 문제를 일으키기도 한다. 아동 양육시설에서 자란 아이가 애착 장애를 겪기 쉬운 이유는 절대적으로 애정의 양이 부족하다는 사실 외에도 여러 명의 양육자가 바뀌어가며 관여하기 때문이다. 또한 친부모 밑에서 자란 아이라도 함께 사는 조부모나 친척이 어느 정도 애정을 준다는 이유로 엄마가 그다지 애정을 쏟지 않는다면 나중에 정신적으로 불안정해지는 경향이 있다.

그런 의미에서 애착의 형성은 특별히 선택된 이와의 관계가 흔들리지 않는 기반으로 확립되는 과정인 것이다. 신생아 때부터 이미 애착이 형성되기 시작하지만 아직은 원초적인 단계에 있다. 생후 6개월 전까지라면 엄마를 조금씩 분간할 순 있지만 엄마가 다른 사람으로 바뀌어도 그리 큰 혼란이 생기지 않는다. 새로운 엄마에게 빠르게 친숙해진다. 다만, 이 단계에서 엄마가 또 교체되면 대인관계나 사회성 발달에 영향을 미치게 된다. 형성되기 시작한 애착에 손상을 입는 것이다.

6개월을 지날 즈음부터 아이는 엄마를 확실히 구별하기 시작한다. 낯가림이 시작되는 시기다. 이는 애착이 본격적으로 형성되기 시작한다는 의미다. 생후 6개월부터 1년 반쯤까지가 애착이 형성되는 데 가장 중요한 시기다. '임계기'라 불리는 이 시기를 지나면 애착 형성은 원활하게 이뤄지지 않는다. 실제로 두 살이

지나서 양자가 된 아이가 양어머니를 잘 따르려 하지 않는 일은 흔히 볼 수 있다. 또한 임계기에 엄마와 떨어지거나 양육자가 바뀌면 애착은 상처를 입게 된다.

안정적인 애착을 형성하는 데 중요한 것은 충분한 스킨십과 더불어 엄마가 아이의 욕구를 알아차리는 감수성을 지니고 아이의 욕구에 빠르게 반응하는 응답성을 갖추는 일이다. 아이는 언제나 곁에서 지켜주고 필요한 도움을 주는 존재에게 특별한 유대감을 느끼게 된다. 이 시기엔 엄마가 아이 곁에서 아이의 요구에 곧바로 대응할 수 있는 환경을 조성하는 게 바람직하다.

생존까지 위협하는
'애착'의 끈

일단 애착의 끈이 단단히 형성되면 쉽게 없어지지 않는다. 애착의 한 가지 중요한 특성은 바로 반영구적인 지속성이다. 견고하게 연결된 애착의 유대관계는 아무리 멀리 떨어지려 해도, 아무리 긴 세월을 사이에 둬도 변함없이 유지된다.

어릴 때 본 만화영화 〈엄마 찾아 삼만리〉에 나오는 마르코 소년의 모습을 또렷하게 기억하는 사람이 많을 것이다. 엄마를 만나기 위해 이탈리아 제노바에서 멀리 아르헨티나까지 혼자 여행길을 떠나는 마르코에게 우리가 감동하는 이유는, 아마 우리도 같은 마음을 갖고 있기 때문일 것이다.

애착 이론의 창시자이자 영국 정신과 의사인 존 볼비John Bowlby는 애착의 끈으로 엮인 존재를 찾아 그 곁에 있으려 하는 행동을 '애착행동'이라 불렀다. 아이가 금세라도 울음을 터뜨릴 듯한 표정으로 엄마를 찾는 모습이나 마르코의 긴 여행도 애착행동이라 할 수 있다.

성인이 되면 엄마에 대한 애착이 겉으로 드러나지 않지만 마음속 깊은 곳엔 어린 시절과 별반 다르지 않은 애착이 자리하고 있다. 시인이자 정신과 의사인 사이토 모키치齋藤茂吉의 시집《적광赤光》에는 〈죽음에 임하시는 어머니〉라는 제목으로 지은 59수의 단가短歌(일본 고유의 정형시 중 한 형식_역주)가 수록돼 있다. 이 시집에서 모키치는 어머니가 위독하다는 소식을 듣고 고향인 야마가타山形로 부랴부랴 달려가던 순간부터 어머니 곁에서 줄곧 간병하던 끝에 결국 임종을 지켜봤던 일, 그리고 화장터에서 어머니가 계시지 않은 고향의 자연을 앞에 두고 슬픔을 견뎌내던 순간까지의 비통한 심정을 절절히 노래하고 있다.

가난한 집에서 태어난 모키치는 열네 살 때 야마가타에서 혼자 도쿄로 올라온다. 이후 병원을 경영하는 사이토 가의 도움으로 대학에 진학해 의학을 공부한 뒤 사이토 가의 양자가 되었다. 양부모 입장에선 모키치가 고향에 계신 어머니를 찾아가는 일도 평소엔 마뜩잖았을 것이다. 그런 상황에서 어머니가 위독하다는 연락을 받았으니 오랜 시간 억눌러온 감정이 마치 둑이 터진 듯 넘쳐흘렀을 것이다.

　모키치의 처녀시집 《적광》은 큰 반향과 감동을 불러일으켰다. 특히 이 시집에서 유난히 사람들의 마음을 뒤흔든 부분은 바로 화장한 어머니의 유골을 꼬박 하루 동안 줍는 장면을 노래한 구절이다.

> 잿더미 속에 어머니 그러모아
> 아침 밝아와 태양이 오르나니
> 어머니 그러모아

어머니를 향한 애착과 상실의 아픔이 숙연한 아침 햇살 속에 두드러져 있음을 알 수 있다.

　이 밖에 어머니 유골과 관련된 이야기로, 소설가 엔도 슈사쿠遠藤周作는 돌아가신 어머니 유골을 품에 안고 음악회에 가거나, 자신의 별장으로 들고 가서 하룻밤 함께 지냈다는 일화가 있다. 슈사쿠의 어머니는 당시로선 드물었던 여성 바이올리니스트였으며, 바이올린 교습으로 돈을 벌어 두 아들을 키웠다 한다. 수재인 형과 달리 '낙제대장'이었던 슈사쿠를 '이 아이는 나중에 잘될 것이다'라며 항상 감싸주던 어머니였다. 어머니와의 흔들림 없는 애착이 여러 번 부딪쳤던 역경에서 슈사쿠를 지켜줬던 것이 틀림없다.

모키치와 슈사쿠의 태도를 전국시대 무장인 노부나가織田信長가 돌아가신 아버지에게 보인 태도와 비교해보면 그 차이가 사뭇 뚜렷하다. 노부나가는 아버지의 장례식 단상에 신발을 신은 채 올라가 "죽어버리다니!" 하고 외치며 말향의 재를 위패에 던졌다고 한다. 노부나가와 아버지 사이에 애착이 없었던 건 아니지만 애증이 섞인 이들 부자 사이는 양면성이 있어 매우 불안정했다. 여기에도 앞으로 설명할 애착의 상처가 관련돼 있다.

좋은 양육환경에선 아이가 도움을 청했을 때 엄마가 곧바로 달래주고 안아줌으로써 아이와 엄마 사이에 흔들리지 않는 애착의 뿌리가 내릴 수 있다. 그래서 기본적인 안도감과 신뢰감을 키워나가게 된다. 이 세상은 안심할 수 있는 곳이며 사람은 자신에게 도움이 되는 존재라 믿게 되는 것이다. 이러한 안도감이나 믿음은 철이 들기 훨씬 이전에 겪은 체험을 통해 뇌 깊숙이 인식된다. 하지만 불행하게도, 아이가 원하는 대로 엄마가 대응하지 않거나 부정적으로 반응하면 애착이 불안정해질 뿐만 아니라 기본적인 안도감이나 믿음이 올바르게 형성되지 않는다. 이 시기에 안정된 애착을 제대로 키워가지 못하면 나중에 바로잡기가 매우 어렵다.

애착을 위협하는 가장 심각한 상황으론 두 가지를 들 수 있다. 하나는, 애착 대상이 없어지는 경우다. 사별이나 이별로 인해 영유아기에 엄마가 사라진다는 것은 어린아이에겐 세상이 무너지는 것이나 다름없는 가혹한 체험이다. 그런 일을 겪게 되면 아이는 우선 마구 울어댄다. 그러고는 엄마를 찾기 시작하고 엄마가 자신의 요구에 응해주지 않은 데 대해 슬픔과 분노를 터트린다. 현실을 받아들이지 못해 항의하려 한다. '저항'의 단계다.

그렇게 며칠을 보내고 나서 엄마가 돌아오지 않는다는 사실을 알아차리면 겉으로 드러내 우는 일은 없어진다. 대신 풀이 죽어 어두운 표정으로 방구석에 웅크리고 앉아 무기력한 모습을 보이기 시작한다. 좋아하던 장난감에 손도 대지 않고 다른 누구에게도 관심을 보이지 않는다. 식욕은 떨어지고 푹 잠들지 못하는 일이 많다. 성장이 멈추기도 한다. 이 시기는 '절망'의 단계다.

다시 몇 개월이 지나 이 단계를 지나면 엄마에 대한 기억은 봉인되고 아무 일도 없었던 듯이 안정된 모습으로 생활하게 된다. '탈애착'의 단계에 이른 것이다. 주위 사람들은 안심하지만 이 일로 인해 아이가 치른 희생은 더없이 크다. 생존을 위해 아이는 엄마를 향한 애착을 잘라버리는, 어쩔 수 없는 선택을 한 것이다.

아직 어려서 어른의 보호에 기대지 않곤 살아갈 수 없는 시기에 애착의 끈이 너무 강하게 유지되면 오히려 생존에 불리하게 작용한다. 자신을 사랑해주던 엄마를 끊임없이 찾으면서 엄마 이외의 다른 사람을 거부하게 되면 이는 죽음으로까지 이어진다. 아이는 엄마를 잊고 새로운 양육자를 받아들일 수밖에 없다. 탈애착을 일으켜 애착 대상을 잃은 고통에서 벗어나야 하는 것이다.

만약 그 후 엄마가 느닷없이 다시 나타난다 해도 한 번 탈애착이 일어난 이상 금세 원래의 애착 상태로 돌아오진 않는다. 애착이 받은 상처는 쉽게 아물지 않기 때문이다. 결국은 관계가 냉랭하거나 서먹해지고 지나치게 신경을 쓰는 상황이 벌어져 문제의 불씨가 되기 쉽다. 또한 너무 오랫동안 떨어져 있던 경우엔 애착이 완전히 무너진다. 마음속으로 엄마라는 존재를 이상화하고 동경하고 있었음에도 실제로 다시 만나보면 대개는 머지않아 강한 거부반응을 일으킨다.

애착을 위태롭게 하는 또 하나의 심각한 상황은 자신을 지켜줘야 할 부모에게 학대를 받아 안전을 위협당하는 경우다. 이때 아이는 부모를 원하면서도 한편으론 두려워하는 상반된 감정 상황에 놓이게 된다. 게다가 부모가 언제 폭력이나 언어로 학대를 가할지 모르는 상황이라 아이는 아무런 예측도 할 수 없고 제대로 대처하지도 못한다. 그저 '나는 무력하고 나쁜 존재다'라는 죄의식이나 자신을 부정하는 마음을 품게 되는 것이다.

어떤 부당한 대우를 받아도 아이는 부모를 사랑하고 갈구한다.

그래서 깊이 상처받으면서도 부모를 원망하지 않고 오히려 자신을 탓하는 쪽으로 마음이 움직인다. 자신이 나쁜 아이라서 사랑해주지 않는 것이라 믿고 부모를 이해하려 한다. 바깥 세계를 알고 부모와 자신의 관계를 객관적으로 보게 되었을 때 아이는 비로소 그 일이 결코 당연한 상황이 아니라는 사실을 깨닫는다. 하지만 그 전까지 아이에겐 부모와의 애착이 유일한 현실인 것이다.

부모에게 인정받고 싶다는 바람이 충분히 채워진 상태에서 성장해가면 성인이 될 즈음엔 그 욕구가 저절로 사라진다. 하지만 그러한 바람을 채우지 못한 채 자란 사람은 나이를 먹어도 마음속 깊은 곳에 '부모에게 인정받고 싶다' 또는 '사랑받고 싶다'는 욕구를 거느린다. 그래서 부모의 마음에 들려고 지나치게 애쓰기도 하고, 아니면 반대로 부모를 난처하게 하거나 반발하는 형태를 보이게 된다.

"언제나 곁에 있지 않아도 괜찮아요"
애착이라는 안전기지

애착의 끈이 형성되면 아이는 엄마라는 존재에 안도감을 느끼는 것은 물론, 엄마가 곁에 없어도 차츰차츰 안심하고 지내게 된다. 안정된 애착이 생기면 아이의 안전이 보장되고 안도감이 유지된다. 존 볼비의 애착이론을 발전시킨 미국의 발달심리학자 메리 아인스워스Mary Ainsworth는 이러한 애착의 기능을 '안전기지'라는 용어로 표현했다.

아이는 애착이라는 안전기지가 제대로 확보돼야 비로소 안심하고 외부세계를 모험하고 싶은 의욕이 생긴다. 반대로, 엄마와의 애착이 불안정하고 안전기지로서 충분한 기능을 하지 못하면 아이는 편안한 마음으로 탐색행동에 나서지 못한다. 그 결과 지적인 호기심이 줄어들고 대인관계에서도 소극적이 되거나 무관심해지기 쉽다. 엄마가 늘 지켜준다고 느끼는 아이일수록 호기심이 왕성하고 활발하게 행동하며 매사에 적극적이다.

생후 1년 6개월이 지날 즈음부터 아이는 서서히 엄마에게서 떨어져 지낼 수 있다. 하지만 스트레스나 위협을 느끼면 엄마 품으로 피난해 신체를 접촉하고 안김으로써 안전을 확보하고 안도감을 얻으려 한다. 그리고 3세 무렵까지는 일정 기간 동안 엄마에게서 떨어져도 그다지 불안을 느끼지 않으며 엄마 외 다른 사람과도 적당히 신뢰하며 관계를 맺을 수 있게 된다. 엄마를 주된 애착 대상이자 안전기지로 확보하면서 동시에 다른 애착 대상이나 안전기지를 갖고 활동 거점을 넓히기 시작한다.

이러한 현상은 기본적으로 성인에게도 똑같이 적용된다. 안정된 애착으로 평안과 안도감을 얻은 사람은 업무에도 대인관계에도 적극적으로 몰입할 수 있다. 안전기지를 확보한 사람은 외부세계에서 오는 스트레스에도 강하다. 특히 어릴 때 확실히 보호받으며 자란 사람은 성인이 돼서도 자신을 능숙하게 지킬 수 있다.

한 연구에 따르면 2세 시점에서 부모에게 충분한 지원을 받은 사람이 청년기가 되면 연인에게 선뜻 의지하는 경향이 나타났다. 반대로 2세 시점에서 부모의 지원이 부족했던 사람은 연인에게 스스럼없이 기대지 못하는 성향을 드러냈다.

유의할 점은 부모가 과보호로 지나치게 많은 지원을 하면 오히려 아이의 주체적인 탐색행동을 방해해 좋은 안전기지가 되지 못한다는 사실이다. 안전기지라고 해서 아이가 원치 않는 상황까지 속박해선 안 된다. 그러면 아이를 가두는 감옥이 되고 만다. 의존적이고 불안이 강해 자립할 수 없는 아이로 키우게 된다.

충분한 안도감을 얻을 수 있는 안전기지가 확보되면 점차 안전기지에서 멀리 떨어지려는 현상이 일어나며 그다지 불안을 느끼지 않고 탐색행동, 즉 일이나 사회 활동에 열중하게 된다. 안전기지는 위기의 순간 피난처가 되기도 한다. 필요할 때 도움을 줄 것이라는 안도감이 있으면 언제나 곁에 있지 않아도 된다. 하지만 만일 특별한 상황이 벌어져 스트레스나 불안감이 심해졌을 때는 '애착행동'이 활발해진다. 이는 건전하고 자연스러운 현상이며 자신을 지키는 데 중요한 일이다.

애착행동에는 다양한 형태가 있다. 어린아이처럼 애착을 갖는 인물과 함께 있으려 하거나 신체를 접촉하려 하는 직접적인 행동뿐 아니라, 애착하는 사람을 생각하고 예전에 그 사람이 자신에게 한 말이나 행동을 떠올리는 정신적 활동도 포함된다.

나치스에 의한 유대인 박해가 심했던 시절, 아우슈비츠를 비롯한 강제수용소에 갇혔던 사람들은 어떻게 정신의 평정을 유지했을까. 아우슈비츠 수용소에 갇혔다 살아남은, 빈 의과대학 신경정신과 교수 빅터 프랭클Viktor Frankl은 그의 저서 《죽음의 수용소에서》를 통해 수용소에 갇힌 사람들이 정신의 평정을 유지하는 데 큰 도움이 된 것은 사랑하는 사람을 회상하는 일이었다고 밝혔다. 프랭클은 마치 곁에 있는 듯한 아내가 속삭이는 말을 뇌리에 떠올림으로써 가혹한 시련을 견뎌내고 끝까지 살아남을 수 있었다고 한다.

살아가는 방식을 지배하는
제2의 유전자

아이들의 애착 유형은 애착이 안전기지로서 훌륭히 기능을 다하고 있는지 그리고 스트레스에 반응해 어떤 애착행동을 보이는지에 따라 크게 네 가지로 나뉜다. 이 네 가지 애착 유형을 확실히 알아두면 성인의 애착 유형을 이해하는 데도 많은 도움이 된다.

아이의 애착 유형을 조사하는 데 주로 사용되는 방법은 앞서 소개한 아인스워스가 개발한 '낯선 상황' 실험이다. 이 실험은 아이와 엄마를 떼어놓았다 다시 재회시키는 상황을 설정하고 그때 아이의 반응을 관찰해 애착 유형을 분류하는 식으로 진행됐다. 아인스워스는 애착 유형을 '안정 애착' '불안정 회피 애착' '불안정 저항 애착'의 세 가지로 분류했지만 그 후 메인Main과 솔로몬Solomon이 불안정 혼란 유형을 추가해 지금은 총 네 가지 유형으로 분류하는 경우가 많다.

안정 애착 유형의 아이는 엄마와 떨어지면 울거나 불안을 나타내지만 지나친 정도는 아니며 엄마가 다시 나타나면 기뻐하고 순순히 엄마에게 안기려 한다. 약 60퍼센트 남짓한 아이들이 이 애착 유형을 보였다. 그리고 이 애착 유형에선 엄마가 안전기지로서의 기능을 훌륭하게 해내고 있으며 아이는 스트레스를 느낄 때 알맞은 애착행동을 일으킨다.

불안정 회피 애착 유형의 아이는 엄마에게서 떨어져도 거의 반응이 없고, 엄마와 다시 만나도 눈을 맞추지 않고 안기려고도 하지 않는다. 그리고 안전기지를 갖고 있지 않기 때문에 스트레스를 느껴도 애착행동을 일으키지 않는다. 이 애착 유형은 약 15퍼센트에서 20퍼센트의 아이들에게서 발견된다. 어릴 때부터 아동 양육시설 등에서 자란 아이들에게 전형적으로 나타나며 부모의 관심이나 보살핌이 부족하고 방임된 경우에도 나타난다.

불안정 저항 애착 유형의 아이는 엄마에게서 떨어지면 심하게 울어대고 강한 불안을 나타내면서도 막상 엄마가 다시 나타나 안아주려 하면 거부하거나 싫어한다. 하지만 한번 바짝 달라붙으면 좀처럼 떨어지려 하지 않는다. 엄마가 안전기지로서의 기능을 충분히 하지 못하기 때문에 애착행동이 과하게 일어나는 것이다. 이 유형은 약 10퍼센트를 차지한다. 부모가 마음을 써줄 때와 무관심할 때의 태도 변화가 큰 경우, 또는 부모가 신경질적이고 엄하며 과잉 간섭하는 경우에 많이 나타난다. 이 유형의 아이는 이후 불안장애를 겪을 위험성이 높으며 집단 따돌림 같은 피해를 당하기 쉽다.

불안정 혼란 유형은 일관성 없고 무질서한 행동 성향을 나타내는 것이 특징이다. 완전히 무반응인가 싶다가도 심하게 울거나 분노를 드러내곤 한다. 또한 어깨를 둥글게 웅크리는 등 부모의 공격을 두려워하는 듯한 반응을 보이거나, 반대로 부모를 갑자기 때리기도 한다. 이 유형은 학대를 받고 있는 아이나 정신 상태가 매우 불안정한 부모의 아이에게서 쉽게 볼 수 있다. 안전기지가 오히려 위험한 상태이기 때문에 혼란을 일으키는 것이다. 부모의 행동을 예측할 수 없다는 사실이 아이의 행동을 무질서하게 만든다. 이 유형의 아이는 이후 경계성 인격장애(정서나 행동, 대인관계가 불안정하고 충동적인 특징을 갖는 인격장애_역주)를 겪게 될 위험성이 높다.

불안정한 애착 상태에 놓인 아이는 3, 4세쯤부터 특유의 방법으로 주위를 통제함으로써 보호와 관심이 부족하거나 불안정한 상황을 보완하려 한다. 이를 '통제형 애착 형태'라고 하는데 공격이나 벌을 줌으로써 주위를 움직이려는 유형과, 좋은 아이로 행동하거나 보호자처럼 부모를 위로하고 도와줌으로써 부모를 통제하려는 유형이 있다.

'이렇게 어릴 때부터?' 하고 놀랄지도 모르지만, 아이에 따라선 불과 4세 때부터 부모의 안색을 살피고 비위를 맞추거나 기쁘게 하려는 행동을 한다. 부모가 좋지 않은 행동을 하거나 자신의 생각대로 해주지 않으면 부모를 때리려 드는 공격적인 행동은 더욱 빨라 3세쯤부터 나타나기도 한다. 이러한 행동은 무질서한 상황에서, 비록 아이지만 나름대로 질서를 바로잡으려는 것이라 할 수 있다. 이 통제 전략은 해를 거듭하면서 한층 분화되고 특유의 형태로 만들어져 간다. 이는 이후의 인격 형성에 큰 영향을 미친다.

통제 전략은 크게 지배적 통제와 종속적 통제 그리고 조작적 통제, 이렇게 세 가지로 나눌 수 있다. 지배적 통제는 폭력이나 심리적 우월감으로 상대를 마음대로 움직이려는 전략이다. 종속적 통제는 상대의 뜻에 순순히 복종함으로써 상대의 보살핌을 받으려는 전략이다. 얼핏 보면 통제와는 정반대인 것 같지만, 상대에 맞추고 상대의 마음에 들도록 행동하거나 상대의 버팀목이 되어 상대의 기분이나 애정을 제 뜻대로 조절하려고 한다는 점에서 통제라 할 수 있다. 조작적 통제는 지배적 통제와 종속적 통제가 더욱 교묘하게 혼합된 것으로, 상대에게 강한 심리적 충격을 주어

동정이나 공감 또는 반발을 이끌어내 상대를 자신의 의도대로 조종하려는 전략이다.

세 가지 전략 모두 불안정한 애착 상태로 인해 나타나는 심리적인 불만족을 보완하기 위해 발달했다. 이 세 가지는 비교적 어릴 때부터 지속적으로 나타나는 경우가 많은 한편, 크게 변화하는 경우도 있다. 또한 상대에 따라 전략을 바꾸어 가는 일도 많다. 그렇게 해서 균형을 이루는 것이다.

버락 오바마Barack Obama 미국 대통령은 어릴 때부터 누구와도 잘 어울릴 수 있는 '착한 아이'였다고 알려져 있다. 그는 학교에서 한 번도 문제를 일으킨 적이 없었다. 그가 자서전에서 마약과 알코올에 의존하던 시기가 있었다 고백하자 가장 놀란 사람은 당시의 담임교사였다. 학생 시절 불안정하고 반사회적인 면은 전혀 내보이지 않았던 그이기 때문이다. 그는 '착한 아이'와 '우등생'을 연기했던 것이다. 싱글마더인 어머니는 대학원에 다니고 있던 터라 바빠서 아들을 별로 챙겨주지 못했다. 하와이에 살 때 그를 보살펴준 사람은 조부모였다. 어머니의 재혼으로 인도네시아에서 살던 때 그는 낯선 사람들 속에서 완전한 이방인으로 소외감을 느꼈다. 하지만 오바마는 어머니에게 거의 반항하는 일 없이 무척 고분고분했다.

그의 종속적 전략은 학교에서의 환경으로 인해 한층 강해졌다.

학교에서 그는 언제나 철저한 마이너리티minority(육체적 또는 문화적 특질 때문에 불평등하게 차별 대우를 받는 사람들_역주)였다. 인도네시아 학교에서 외국인은 오바마 한 사람뿐이었고 하와이의 고등학교에서도 유일한 흑인이었다. 이러한 환경 속에서 그는 주위에 적응하기 위해서 종속적 전략을 취하지 않을 수 없었던 것이다.

빌 클린턴Bill Clinton 전 미국 대통령은 어머니에겐 무척 순종적이었지만 그 이외의 여성들에겐 지배적이었다. 여성들을 능란하게 이용하거나 착취하려 했다. 어머니에게 지배돼 자란 사람은 대개 어머니에겐 순종하지만 자기 마음대로 해도 될 만한 존재를 찾으면 그 사람을 지배하는 경향이 나타난다. 그렇게 함으로써 마음의 균형을 잡고 있다고도 볼 수 있으며 무의식 속에서 자신이 대우받은 대로 상대를 다루는 것이라고도 볼 수 있다. 그런 행동 성향은 유해한 면이 있긴 하지만 마음을 안정시키는 데는 도움이 된다. 누구에게나 종속적으로 행동한다면 결국은 막다른 곳으로 몰리기 때문이다. 다만, 상사나 고객 또는 배우자의 지배로 인해 생긴 스트레스를 자신보다 더 약한 존재에게 발산하는 구조는 바람직하지 못하다.

어릴 때의 애착 유형은 아직 완전히 확립된 게 아니다. 상대에 따라 애착 형태가 달라지는 일이 많다. 같은 양육자라도 아이를 대하는 방법이 달라지면 애착 유형 또한 변화한다. 따라서 이 시기의 애착 경향은 애착 유형이라 부르지 않고 대개 애착 형태라 불러 구별한다.

아이에게서 조사할 수 있는 애착 형태는 특정한 양육자와의 사이에서 이뤄진 관계에 지나지 않으며 아직 고정화된 것은 아니다. 엄마와는 불안정한 애착 형태를 나타내는 아이라도 아빠와는 안정된 애착 형태를 보이기도 한다. 물론 그 반대의 경우도 많다. 조부모와 안정된 애착을 나타내는 경우도 있는가 하면 전혀 드러나지 않는 경우도 있다.

부모와 안정된 애착관계를 맺으면 안정된 애착 형태가 이뤄지기 쉽다. 하지만 부모와의 애착이 불안정한 경우에도 다른 성인이나 연장자 또는 동료와의 애착에 의해 보완돼 안정된 애착 형태가 이뤄지기도 한다.

부모를 비롯해 아이에게 중요한 타인과의 사이에서 애착 형태가 형성돼 가는데, 10대 초반부터는 그 사람 고유의 애착 형태가 점차 명확해진다. 그리고 어른이 될 때까지 애착 유형이 확립돼 간다. 성인의 애착 유형은 진단법에 따라 조금씩 차이가 있지만 대략적으로 안정형(자율형), 불안형(포로형), 회피형(애착경시형)의 세 가지로 나눌 수 있다. 여기서 불안형과 회피형은 불안정형에 속한다. 이 밖에 공포·회피형을 비롯한 각 애착 유형의 진단과 특징에 관해선 챕터 4와 5에서 상세히 설명할 것이다.

유전적 기질과 더불어 인격의 토대를 만들고 의식하지 못하는 사이에 그 사람이 살아가는 방식을 지배하는 것이 바로 애착 유형이다. 애착 유형은 항상성을 가지고 있다. 70~80퍼센트의 사람들은 특히 어릴 때 몸에 익힌 것이 일생에 걸쳐 지속된다. 타고난 유전적 천성과 함께 마치 제2의 천성처럼 그것이 새겨져 있는 것이다.

눈을 가린 채
운전을 한다면
애착장애의 위험성

애착은 앞서 말했듯이 특정한 사람과의 특별한 유대관계다. 누구에게도 애착을 원하지 않는 상황이나, 누구에게나 애착을 원하는 상황은 모두 애착의 형성에 차질이 생겨 비롯된 것이다.

학대나 무시 또는 양육자의 빈번한 교체로 인해 특정한 인물에 대한 애착이 손상된 상태를 '반응성 애착장애'라 한다. 이와 관련해 미국 정신의학회는 진단 기준을 게재했다.

반응성 애착장애는 크게 두 가지로 나뉜다. 누구에게도 애착하지 않는 경계심 강한 유형을 '억제성 애착장애'라 하며 누구에게

나 함부로 애착행동을 드러내는 유형을 '탈억제성 애착장애'라 한다.

억제성 애착장애는 아주 어렸을 때 양육 포기나 학대를 받은 경우에 나타나기 쉽다. 애착회피가 심하면 자폐증과 분간하기 어려운 경우도 있다. 탈억제성 애착장애는 불안정한 양육자에게 변덕스러운 학대를 받거나 양육자의 교체로 인해 애착불안이 심해진 경우에 나타나기 쉽다. 산만한 태도나 충동성이 두드러져 종종 주의력결핍 과잉행동장애ADHD, Attention Deficit Hyperactivity Disorder로 진단되기도 한다.

애착장애는 제2차 세계대전 후 유럽에서 실시한 전쟁고아 실태조사에서 처음으로 발견됐다. 전쟁에서 부모를 잃고 보호시설로 보내진 아이들에게서 성장 불량이나 발달의 문제가 나타났던 것이다. 이러한 내용을 보고한 존 볼비는 당시에 '모성 박탈'이라 불렀지만, 이후 애착이라는 관점에서 현상을 다시 파악해 애착의 붕괴 또는 불안정한 애착 문제로 이해했다. 다만 '애착장애'라는 용어가 사용된 것은 학대나 무시 현상이 급격히 증가해 애착 문제가 다시금 부각된 이후의 일이다.

평범한 일반 아동으로 대상을 넓혀 연구를 진행하자 뜻밖의 사실이 밝혀졌다. 친부모 밑에서 자라고 있는 아이에게도 생각했던 것보다 높은 비율로 애착 문제가 나타난 것이다. 안정된 애착 성향을 보인 아이는 약 3분의 2였고, 나머지 3분의 1에 해당되는 아이가 불안정한 애착 성향을 보였다. 애착장애라 부를 만큼 심각한 상황은 아니지만 애착에 문제를 안고 있는 아이의 비율이 상당히 높았다.

게다가 성인도 약 3분의 1이 불안정한 애착 증상을 갖고 있어 대인관계에서 어려움을 느낀다거나 불안과 우울 등 정신적인 문제를 겪고 있다는 것이다. 이러한 사례는 물론 좁은 의미에서의 애착장애에 해당하진 않지만 애착 문제인 것은 틀림없다. 이러한 불안정한 애착이 지장을 초래하는 상태를 좁은 의미에서의 애착장애, 즉 학대나 부모의 양육 포기에 의한 '반응성 애착장애'와 구별하여 이 책에서는 '애착장애'라 명기하고자 한다.

3분의 1이나 되는 사람들이 불안정한 애착 증상을 보인다는 것은 어떤 의미일까. 애착 문제가 상당히 많은 사람과 관련된 문제라는 사실이다. 애착장애를 모르고 세상을 사는 것은 한쪽 눈을 안대로 가리고 차를 운전하는 것이나 다름없다.

거듭된 연구를 통해, 지금은 이 애착에 관한 문제가 특별한 아이의 문제를 넘어서 평범한 아이를 비롯해 성인에게도 널리 적용되는 문제라는 사실이 밝혀졌다. 애착장애는 현대인이 안고 있는 여러 가지 문제와 연관돼 있을 뿐 아니라 훨씬 더 근본적인 부분에서 우리 삶을 지배하고 있다.

애착장애를 모르고 세상을 사는 것은
한쪽 눈을 안대로 가리고 차를 운전하는 것과 같다.

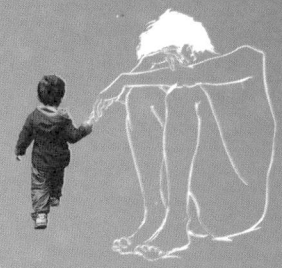

CHAPTER 2

단단한 껍질로 덮여 있는 마음의 상처

인정받지 못하는 외로움을
비딱한 행동으로 달래던 도련님

현대사회는 자녀 수가 적어져 아이 한 명 한 명이 지극정성으로 대우받으며 자란다. 그럼에도 애착 문제를 안고 있는 아이들은 오히려 늘어나는 추세다. 뿐만 아니라 성인들의 애착 문제도 점점 더 불거지고 있다. 이러한 현실을 보여주는 가장 단적인 사실은, 점점 자녀 양육에 어려움을 느끼는 부모가 늘어나고 학대나 육아 포기 같은 사회 문제가 빈번히 발생하고 있다는 점이다.

비교적 가벼운 애착 문제는 자립에 대한 압박이 심해지는 청년기 이후 갖가지 골칫거리로 나타나기 시작한다. 성인에게 잠재된 애착장애의 증가는 경계성 인격장애의 증가나 의존증 또는 과식증의 증가에서 간접적으로 드러난다.

한편으로 담백한 대인관계를 좋아하는 '초식남草食男(자신의 취미활동엔 적극적이지만, 이성과의 연애에는 소극적인 남성을 일컫는다_역주)'이나 결혼을 회피하는 사람의 증가는 애착회피 경향을 나타내는 애착장애가 젊은 세대에 확산돼 있다는 사실을 말해준다.

애착장애가 발생하는 원인은 무엇일까. 지금까지 실시된 쌍생아 연구나 양자養子 연구는 애착장애의 원인이 주로 양육환경에 있다고 밝히고 있다. 대개 70~80퍼센트가 양육을 비롯한 환경적 요인으로 인해 생기고 나머지 20~30퍼센트는 유전적 요인에 기인한다고 한다.

미국 아이오와대학교의 캐스퍼Casper 연구진이 실시한 연구에서, 같은 양육자에게서 자라난 친자와 양자는 어느 정도 애착 형태가 일치하는지를 조사했다. 결과를 보니 피험자의 평균 연령이 중년기에 접어드는 38세인데도 양쪽의 일치 확률은 60퍼센트의 높은 수치로 나타났다. 이러한 결과로 미뤄보면 애착 유형에 관해선 유전적 요인보다 양육자를 포함한 양육환경의 영향이 크고, 더욱이 그 영향은 평생에 걸쳐 지속된다는 사실을 알 수 있다.

양육환경의 문제는 여러 가지가 있지만 그중 가장 먼저 알려진 것은 부모의 부재다. 이는 애착장애가 전쟁고아를 연구한 데서 발견됐다는 사실에서도 알 수 있다. 앞서 말한 것처럼 애착의 형성에는 임계기라 불리는 민감한 시기가 있어 그 시기에 엄마를 빼앗기는 경험을 한 아이에겐 심각한 장애가 남기 쉽다.

애착 형성의 임계기는 생후 6개월부터 1년 반까지의 기간을 이르는데, 최근 연구에선 태어난 직후부터 6개월까지의 사이에도 이미 애착 형성이 시작되므로 엄마와 일찍 떨어져 지내면 사회성 발달에 영향을 미치는 것으로 알려졌다. 결국, 태어나서 1년 반 이내에 양육자와의 사이에 애착의 끈이 확립되지 않으면 안정된 애착 형성이 이뤄지기 힘들다.

하지만 이 시기를 지났다고 해서 안심할 순 없다. 이 시기는 애착을 형성한다는 의미에서 임계기지만 그에 이어서 맞이하는 모자母子 분리의 단계는, 모자 분리 달성이라는 다음 단계의 임계기에 해당하기 때문이다. 특히 두세 살 때는 아이가 엄마에게서 떨어질 때 느끼는 불안감, 즉 모자 분리불안이 높아지는 시기이며, 이 시기에 무리하게 엄마와 헤어지는 체험을 하면 애착에 손상이 남아 분리불안이 오래도록 강하게 남는다. 이후 다섯 살 무렵까지는 민감한 시기라 할 수 있다.

대개 애착 형성이 완성되지 않은 시기에 엄마에게서 떨어진 아이는 애착 자체가 부족한 탈애착 경향이 생기기 쉽다. 또 모자 분리 불안이 높은 시기에 엄마를 잃으면 버려질지도 모른다는 불안이나 우울한 감정이 심해진다. 그 경계가 두세 살 무렵이다.

이렇게 민감한 시기가 지나가면 애착 대상을 잃은 데서 오는 영향은 줄어들지만, 이때 받은 상처는 여러 가지 문제나 동요를 일으킨다. 애착에 손상을 입으면 다음번에 또 애착 대상을 잃게 될 때 한층 더 심한 상처를 받기 쉬우며 불안정한 시기가 길어지는 악순환을 초래하기도 한다.

노벨문학상 수상 작가인 가와바타 야스나리川端康成는 채 두 살이 되기도 전에 의사인 아버지를 잃었고, 그로부터 일 년도 지나지 않아 또다시 어머니마저 여의었다. 양친 모두 결핵으로 생을 마감했다. 어머니가 세상을 뜰 때 겨우 두 살 반이었던 그는 부모에 대한 기억이 거의 없이 자라났다. 다만, 한 살 반부터 두 살 무렵까진 어머니가 건강했다는 사실에서, 비록 그의 기억엔 남아 있지 않았다 해도 어머니와의 사이에 애착의 끈이 형성됐을 가능성은 높다. 그렇기에 어머니를 잃은 슬픔은 컸을 것이다. 그 슬픔조차도 가와바타 자신은 자각하지 못했을 테지만, 원인이 분명치 않은 비애감이나 외로움이 그를 줄곧 지배했을지 모른다.

가와바타는 허약했으며 초등학교에 들어갈 무렵까지 제대로 밥을 못 먹었다고 할 정도로 입이 짧았다. 학교에 자주 결석했으며 집단 따돌림을 당하기도 했다. 타고난 체질 탓도 있지만 그보다는 어머니를 잃은 일로 인한 애착장애가 성장에 영향을 끼쳤던 것으로 보인다.

　게다가 허약한 그를 보살펴주고 한결같이 지켜주던 할머니를 일곱 살 때 잃게 된 후로, 그는 눈에 띄게 쇠약해진 할아버지마저 잃게 되는 게 아닐까 불안해하면서 어린 시절을 보냈다. 친구 집에 놀러갔다가 조금이라도 늦게 돌아오게 되면, 앞을 볼 수 없는 할아버지가 걱정이 돼 견딜 수 없었다. 그런 소년의 유일한 낙은 정원에 자라는 후피향나무 위에 올라가 책을 읽는 것이었다. 현실 세계는 언제 어떻게 될지 모르고 의지할 데 없는 처지였지만 책 속에 펼쳐진 세계만은 소년에게 안전한 피난처가 됐던 것이다.

　그리고 15세 때 할아버지의 병구완을 하게 되었다. 그때 쓴 《16세의 일기》에는 할아버지가 쇠약해져가는 모습이 있는 그대로 담담하게 그려져 있다. 만 15세 소년의 글이라곤 믿기 어려울 정도로 감정에 휩쓸리지 않은 냉정한 필치엔 회피형 애착 유형의 특징이 고스란히 담겨 있다.

　《사회계약론》, 《에밀》, 《고백록》 등의 저서로 유명해져 후세에 큰 영향을 미친 장 자크 루소Jean-Jacques Rousseau는 어린 시절뿐 아니라 어른이 돼서도 애착장애의 전형적인 특징과 증상을 보인 인물이다. 루소는 스위스 제네바에서 시계 기술자인 아버지와 목사의 딸인 어머니 사이에서 둘째로 태어났다. 하지만 어머니는 루소가 태어난 직후 세상을 떠났고 루소는 아버지와 미혼인 고모의 보살핌을 받으며 자랐다. 아버지는 사랑하는 아내가 남기고 간 아들을 지나치게 사랑했다. 루소가 "내 유년시절보다 애지중지 자란 사람은 아마 없을 것"이라고 《고백록》에 썼을 정도였다.

루소는 영리한 아이였지만 어릴 때부터 끊임없이 문제행동을 드러냈다. 물건을 훔치거나 거짓말을 하는 것은 물론 장난도 무척 심했다. 아이의 장난이라고 하기엔 조금 정도가 지나쳐 음식물이 담긴 냄비에 소변을 보는 등의 은밀한 쾌락을 동반하는 일을 저질렀다. 도둑질, 거짓말, 도를 넘는 장난은 애착장애를 겪는 아이들에게 자주 나타나는 전형적인 문제행동이다. 귀한 대우를 받고 자랐지만 결여된 어머니의 애정을 채울 수 없었기 때문일 것이다.

양육자의 부재와 더불어 애착장애의 원인으로 중요하게 손꼽히는 것은, 바로 양육자가 빈번히 교체되는 상황이다. 양육자의 빈자리를 메우기 위해 임시 양육자가 나타나 아이와 관계를 맺기 시작하지만, 다시 이러저러한 사정으로 그 양육자에게서 다른 양육자의 손으로 아이가 넘겨지는 경우가 있다. 이렇게 여러 양육자를 전전하는 상황은 가장 바람직하지 않다.

임시 양육자에게서 다시 원래의 양육자에게 돌아가는 사례도 많지만, 이때도 떨어져 있던 시기가 너무 길면 이미 임시라고 말할 수 없으며 임시였던 사람이 애착 대상이 되는 일도 일어난다.

그 결과 아이는 이중으로 대상 상실을 겪게 돼 애착에 더욱 큰 상처를 입는다. 특히 시설에 맡겨진 아이의 경우는 계속해서 양육자가 바뀌는 상황에 놓이게 된다. 따라서 될 수 있으면 한 사람의 담당직원과 관계가 꾸준히 이어지도록 배려해야 한다. 그렇지 않으면, 점차 탈애착이 진행돼 누구에게도 신뢰와 애정을 품기 어려운 사람으로 자라날 가능성이 커지게 된다.

성인이 돼서도 줄곧 애착장애를 끌어안고 산 위인은 많다. 문호 나쓰메 소세키夏目漱石도 그 전형적인 사람이었다. 그는 평생 애착장애를 안고 살았으며 그것을 극복하려고 문학가가 된 인물이라 할 수 있다.

나쓰메 소세키는 막부 시대 말기인 1867년 8형제 중 막내로 태어났다. 아버지는 50세, 후처였던 어머니는 41세였다. 어머니가 이 나이에 아이를 낳은 것은 꼴불견이라고 훗날까지도 읊조렸다는 걸 볼 때 그는 예기치 않은, 그리고 환영받지 못한 아이였을 것이다. 그는 태어나자마자 가난한 고물상 부부에게 수양아들로 보내졌다. 하지만 우연히 길을 지나던 누나가, 바구니에 담겨 가게 앞 허드레 물건들과 함께 놓여 있는 나쓰메 소세키를 발견하곤 가여운 나머지 데리고 돌아왔다고 한다. 하지만 집에서 받아들이지 않아 이번에는 이전에 나쓰메 가의 서생이었던 시오바라 쇼노스케塩原昌之助의 양자가 되었다.

아이가 없었던 시오바라 부부는 어린 그를 몹시도 사랑했다. 호적에 올리고 친아들 이상으로 애정을 쏟았다. 부부는 인색한 편이었지만 아들에겐 아낌없이 장난감과 그림책을 사줬다. 옷도 고급가게로 데리고 가서 맞춰줬다고 한다. 그다지 풍족하지 않은 가정으로선 상당히 분에 넘치는 소비였다고 할 만하다.

"너의 아버지는 누구지?" "누가 너의 어머니라고?" 부부는 어린 그에게 강박적이다 싶을 정도로 물어보고는 했다. 그는 내심 질색하면서도 양부모 마음에 들기 위해 그들 두 사람을 각각 가리키곤 했다. 그런데도 양어머니는 그것만으로 안심할 수 없었는지 "사실은 누구 아들이지?" "누가 제일 좋아?" 하면서 자신의 마음에 드는 대답을 할 때까지 집요하게 질문을 반복했다.

후에 나쓰메 소세키는 노년에 쓴 소설 《길 위의 생》에서 양부모의 애정을 이렇게 분석했다.

하지만 그 애정 속에는 이상한 대가가 예기돼 있었다. 돈의 위력으로 아름다운 여자를 첩으로 삼은 사람이 그 여자가 좋아하는 것을 원하는 대로 척척 사주듯, 그들은 자신의 애정 자체의 표현을 목적으로 행동하지 않고 단지 환심을 얻기 위해 겐조健三(소설의 주인공)에게 친절을 베풀었다.

나쓰메 소세키는 어린 마음에도 두 사람의 애정이 어딘가 자연스런 애정과 다르다고 느꼈다. 마치 강요하는 듯한 태도에 위화감을 느꼈을지도 모른다. 그래서 많은 아이가 그러하듯이 그도 부모의 기대에 맞춰 행동할 수밖에 없었지만 그 반작용으로 문제행동이 나타나기 시작했다. 고집 세고 버릇없는 성격이 점점 심해져 자신이 원하는 걸 얻지 못하면 길에서든 도로에서든 상관없이 바로 그 자리에 주저앉아 꼼짝도 하지 않았다. 어떤 때는 나이 어린 승려의 등 뒤에서 그의 머리털을 힘으로 잡아뜯기도 했다. 또 신사에서 놓아기르는 비둘기를 막무가내로 집으로 데려오겠다고 끝내 우긴 일도 있다.

고집이 세고 버릇이 없거나 도를 넘는 장난은 애착장애를 겪고 있는 아이에게 자주 나타나는 현상이다. 심지어 나쓰메 소세키는 굴절된 증상을 보였다. 어느 날 한밤중 툇마루에서 소변을 본 그는 자신이 싼 소변 위에 넘어져 발을 다쳤다. 얼마 안 있어 상처는 나았지만 그는 걸으려 하지 않았다. 양부모가 걱정하고 안절부절 못하는 모습이 재미있었기 때문이다.

인격장애가 있던 양어머니에겐 이중적인 면이 있어서 자신에게 도움을 준 사람을 뒤에서 헐뜯고 다녔다. 나쓰메 소세키는 이 사실을 당사자에게 폭로해 양어머니를 낯 뜨겁게 했다. 이러한 행동은 심성이 올곧아서라기보다 양어머니에 대한 신뢰감이 결여됐다는 사실을 나타낸다. 냉소적이고 위선을 싫어하는 성격은 부모에게 실망을 느꼈다거나 존경심을 기르지 못한 데서 비롯되는 일이 많지만, 이 밑바탕엔 주로 애착의 문제가 가로놓여 있다.

애착장애를 가진 사람은 누구도 마음으로 신뢰하거나 존경하지 못하고 비딱한 태도를 취하는 한편, 상대의 안색을 민감하게 살피는 모순된 성향을 지니고 있다. 존경할 수 없는 상대지만 그에 의지하지 않고는 살아갈 수 없기 때문이다. 그래도 그 후 일어난 불행한 사태에 말려들지 않았다면 나쓰메 소세키가 겪게 될 굴곡은 조금 더 완만했을지도 모른다. 그가 일곱 살 때 양부모 사이가 급격히 나빠졌다. 매일 밤 잡아먹을 듯한 부부싸움이 계속된 원인은 양아버지의 여자 문제였다.

결국 그는 양부모집에서 다시 본가로 돌아가게 됐지만 돌아가기까지 1년 반 동안 불안정한 생활을 할 수밖에 없었다. 처음엔 양어머니와 함께 본가에서 살다가 그곳을 나와 양어머니와 둘이서 살았는데 그때 그는 양어머니에게 "이제 너밖에 의지할 데가 없다"는 말을 자주 들었다. 하지만 양어머니와의 생활도 경제적으로 막다른 상황에 다다르자 나쓰메 소세키는 아사쿠사浅草에서 애인과 살고 있는 양아버지에게 갔고, 그곳에서 아버지 애인의 딸을 포함해 네 명이 함께 지내게 되었다. 결국, 이런 상황을 보다 못한 본가에서 그를 데려갔지만 양가와의 분쟁 탓에 나쓰메 가의 호적에 다시 오른 것은 한참 후의 일이었다.

결국 친가로 돌아갔기 때문에 결과적으로 잘된 일이 아닐까 싶지만, 실상은 결코 그렇지 못했다. 새로운 양육자와의 사이에 애착의 끈이 맺어질 만하면 어른들의 사정으로 틀어지곤 했다. 도무지 애착의 상처가 치유될 틈이 없었다. 이렇게 양육자 사이를 오가는 동안 몇 번이나 버려졌다는 느낌을 맛본 경험은 나쓰메 소세키의 인생에 그 흔적을 남기게 되었다.

본가로 돌아왔을 때 그는 친부모를 조부모라 생각했고 실제로도 '할아버지' '할머니'라 불렀다. 늦둥이로 낳은 아이여서 부모도 이렇게 불리는 것이 어색하지 않을 정도로 늙어 있었다. 부모는 이 호칭을 굳이 고쳐주려 하지 않았다. 열 살 무렵까지 따로 지내온 자식이다 보니 부모도 어딘지 다루기 어려운 서먹함을 느꼈다. 막내 중에는 응석받이가 많다고 하지만 그는 친부모에게 응석을 부리는 일도 없었다. 나쓰메 소세키는 수필 《유리문 안에서》에서 이렇게 회상하고 있다.

나는 여느 막내들처럼 부모에게 귀여움을 받지 못했다. 그 원인은 여러 가지가 있는데, 내 성격이 솔직하지 못해서이기도 하고 오랫동안 부모와 떨어져 있었기 때문이기도 하다. 특히 아버지에겐 귀여움은

커녕 오히려 가혹한 대우를 받은 기억이 아직 내 머릿속에 남아 있다. 그런데도 마지막에 양아버지와 살던 아사쿠사에서 친부모가 사는 우시고메牛込로 돌아오게 되었을 때 왠지 나는 매우 기뻤다.

나쓰메 소세키가 우시고메 본가에서 친부모와 지낸 세월은 기억에도 없는 아주 짧은 기간이었다. 하지만 그는 우시고메 친가에 대해서도, 또 그가 할머니라고 생각한 친어머니에 대해서도 친숙함과 안도감을 느꼈다. 이는 혈연으로 맺은 사이여서가 아니라 이미 애착이 형성돼 있었기 때문이다. 이 사실은 오늘날 애착 연구에서 쉽게 이해할 수 있다. 가장 강한 애착의 끈이 생기는 것은 생후 6개월에서 1년 반까지의 기간 동안이지만, 나쓰메 소세키가 처음 다른 집에 양자로 보내진 것은 태어난 직후였고 얼마 지나지 않아 누나가 데리고 돌아왔다. 그 후 시오바라 쇼노스케의 양자로 간 것이 생후 1년 10개월쯤의 일이다. 즉 나쓰메 소세키는 생후 6개월에서 한 살 반까지 애착 형성을 이루는 임계기를 친부모 밑에서 지냈다고 추측된다. 특히 친어머니에게 애착의 끈이 형성됐을 것이다. 이에 비해, 한 살 반이 지나서 양자로 보내진 시오바라 쇼노스케 부부에 대해선 친부모라 여기며 자랐지만 이미 임계기를 지나 있었기 때문에 그 유대관계가 표면적인 수준에 머물렀을 것이다.

프로이트가 주장한 '무의식의 기억'은 오늘날 뇌과학적으로도 입증되고 있다. 특히 뇌에서 감정적 정보처리를 담당하는 편도체에 각인된 정서적 기억은 시간에 구애받지 않으며 그 기억이 어디에서 비롯된 것인지 당사자도 알지 못하는 특성이 있다. 다만, 과거의 기억을 상기시키는 감각이 되살아나면 마음 편한 감정이나 이유를 알 수 없는 불안과 공포에 사로잡히게 된다.

유기견이 희미한 냄새의 기억에 의지해 몇 년이나 걸려 주인을 찾아오는 것처럼 나쓰메 소세키는 오래 떨어져 있던 친가에 생리적이라고도 할 수 있는 안도감을 느꼈던 것이다. 하지만 이런 그의 마음은 특히 아버지의 거부로 인해 상처를 입게 된다. 《길 위의 생》엔 이런 구절이 나온다.

> 어디서 이런 얼간이가 굴러들어왔나 싶은 표정을 한 아버지는, 거의 자식으로 대우해주지 않았다.

양부모 앞에선 자상했던 친아버지의 태도가 돌변하자 나쓰메 소세키는 당황했고 상처받았으며 자신이 있을 곳은 없다고 느꼈다. 어머니는 아버지에 비하면 상냥한 면도 있었지만 그가 본가에 돌아온 지 5년 후 세상을 떠나고 말았다. 그때부터 그는 점점 더 고집 세고 장난이 심해졌으며 꾸지람을 듣거나 인정받지 못하는 일이 많아졌는데, 이 또한 애착장애를 가진 아이가 거치는 전형적인 과정이라 할 수 있다. 그가 39세에 발표한 작품《도련님》에는 누구에게도 인정받지 못하는 외로움을 비딱한 행동으로 달래던 어린 시절 자신의 심경이 잘 반영돼 있다.

무모하고 다혈질이며 심한 장난으로 나날을 보내는 주인공 '도련님'은 학교 건물 2층 창에서 뛰어내리는가 하면, 나이프로 손가락을 싹둑 베고, 인삼밭에서 스모를 해서 밭을 엉망으로 만드는 등 산만하고 충동적인 행동을 거침없이 해댄다.

아버지는 조금도 나를 귀여워해주지 않았다. 어머니는 형만 편애했다. 형은 피부가 하얗고, 가부키歌舞伎(음악과 무용 그리고 기예가 어우러진 일본의 전통연극으로 남자배우만 출연한다_역주)에서 여자 역할을 하는 배우 차림을 하곤 연극 흉내 내기를 좋아했다. 아버지는 나를 볼 때마다 이 녀석은 어차피 변변한 놈이 못 된다고 말했다. 어머니도 내가 난폭해서 장래가 걱정된다고 했다. 역시 나는 변변한 놈이 못 된다. 보시다시피 이 꼴이다. (중략) 아버지는 아무것도 하지 않는 남자였으며, 내 얼굴만 보면 네 놈은 안 된다, 안 된다고 입버릇처럼 말했다. 무엇이 안 된다는 뜻인지 지금도 모른다. 이상한 아버지였다.

《도련님》의 이러한 단락이 드러내는 호쾌한 유머 속에, 아버지에게 줄곧 인정받지 못했던 나쓰메 소세키의 굴절된 사고가 배어 있다. 하지만 그에겐 친부모뿐 아니라 양부모와의 관계도 있었다. 훗날 양아버지는 20여 년 만에 그의 앞에 모습을 나타내곤 염치없이 돈을 요구했다. 나쓰메 소세키에게서 양아버지에 대한 정은 찾아볼 수 없었다. 그 장면을 《길 위의 생》의 한 단락에서 묘사했다.

그는 20여 년 만에 만난 사람과 무릎을 맞대고 앉아 아무런 감회도 느끼지 못한 채, 그저 냉담하게 짤막한 대답만 하고 있었다.

하지만 한편으론 주변의 반대를 무릅쓰고 양부와의 교류를 냉정하게 거절하지도 못한 채 지냈다. 그도 그럴 것이 아기 때부터 일곱 살까지 아버지라 부르며 자란 상대이거늘, 주위에서 이해하지 못하는 심리적 유대가 있었을 것이다. 비록 불완전하긴 해도 이 역시 애착이라 부를 수 있다. 양아버지는 호적을 되돌릴 때 양육비라는 명목으로 이미 위자료를 받아갔다. 나쓰메 소세키는 주위 사람들이 그 일을 일깨워주어도 자신과 지속적인 관계를 요구하는 양아버지를 딱 잘라 거절하지 못했던 것이다.

양아버지에 대한 애착 때문에 친아버지와의 유대가 이뤄지기 어려웠을지 모른다. 아이는 자신의 부모에게 의리를 지키려 한다.

설령 부모가 그 아이를 버렸다고 해도 말이다. 잘나지 못한 자식일수록 의리의 대상을 바꾸길 거부한다. 두 집을 왔다 갔다 반복한 결과, 그는 양쪽 부모와 모두 어중간한 유대관계밖에 맺지 못했다. 이것이 분명 두고두고 그를 위태롭게 하는 실존적 불안의 근원이 되었으며 그의 빈정대는 듯한 양면적 태도도 여기서 비롯됐을 것이다.

하지만 애착장애는 그에게 삶의 고달픔만 안겨준 것은 아니다. 그의 창조력의 원천은 분명 애착장애와 더불어 그가 겪어온 슬픔과 동경 그리고 자기모순에 있었다. 불행한 성장 배경으로 인한 애착장애를 겪지 않았다면 위대한 작가로서의 나쓰메 소세키는 존재하지 않았을 것이다.

소설가 다자이 오사무太宰治를 둘러싸고는 상당히 많은 이야기가 있다. 약물의존증이 있었던 점이나 자살 미수를 반복한 배경에 어떠한 정신병리가 있었는지에 관해 여러 가지 설이 제기됐지만, 지금은 대다수가 경계성 인격장애라는 진단을 내리고 있다. 하지만 다시금 그 밑바탕에 무엇이 있었는지 생각해보면 애착장애라는 답에 다다른다.

다자이 오사무 또한 애착장애의 고통을 맛보고 창작으로 발산했지만, 결국은 그것을 완전히 극복하지 못했다고 할 수 있다. 애착장애에서 경계성 인격장애로 바뀌어가는 경우, 그 사람은 어떤 심리와 정신의 변화를 겪게 될까. 다자이 오사무의 경우는 그 정신세계의 드라마를 뚜렷하게 보여주는 아주 드문 예이기도 하다.

그가 겪은 애착장애의 원인도 나쓰메 소세키와 비슷하다. 다자이 오사무 자신의 말로 그간의 사정을 들어보자. 다음《신록의 노래新樹の言葉》라는 소설에서 인용한 부분은 거의 자신의 체험을 바탕으로 쓴 듯하다.

나는 태어나자마자 유모에게 맡겨졌다. 이유는 잘 모르겠다. 어머니의 몸이 약해서였을까. 유모의 이름은 쓰루였다. 쓰가루 반도津輕半島의 어촌 출신이다. 아직 젊어 보였다. 남편과 아이를 잇달아 잃고 혼자 사는 쓰루를, 우리 부모가 발견해 고용한 것이다. 유모는 항상 나를 전폭적으로 지지했다. 세계에서 가장 훌륭한 사람이 돼야 한다고 가르쳤다. 쓰루는 내 교육에 온힘을 다했다. 내가 대여섯 살 때 다른 하녀에게 응석을 부리기라도 하면 진지하게 걱정하여, 어느 하녀가 착하고 어느 하녀가 나쁜지 그리고 왜 착하고 왜 나쁜지를 하나하나 설명해줬다. 반듯이 앉아서 내게 어른의 도덕을 가르쳐주던 모습을 나는 아직도 잊지 못한다. 다양한 책을 읽어주며 한시도 나를 떼어놓지 않았다. (중략) 나는 쓰루를 어머니라 생각했다. 친어머니를 "아, 이 사람이 어머니인가!" 하고 비로소 알게 된 것은 그로부터 훨씬 후의 일이다.

인용된 이 부분에는 유모에 대한 순수한 사모의 정이 감출 수 없이 넘쳐나고 있다. 기억이 희미해졌어도 일단 생각이 되살아나면 마음 한구석엔 확실히 존재하고 있다는 사실을 깨닫는다. 이것이 애착이다. 한결같은 애정을 받으며 자란 아이가 성인이 되어 부모를 회상하면, 다자이 오사무가 유모에 관해 말할 때와 같이 깊은 감사와 긍정감이 넘쳐난다. 부모가 누구보다도 자신을 인정하고 지지해준 데 대한 고마움이다.

그렇다면 이는, 그가 친부모를 말할 때 보인 서먹함이나 부정적인 응어리와 비교하면 어떤 차이가 있을까. 그에게 불행은 유모에게 품은 애착을 부모에겐 품지 못했던 일이다. 그래서 무척이나 잘 따르고 애착을 느끼던 유모와 어느 날 갑자기 헤어지는 일이 벌어지자 평생 지울 수 없는 상처가 남게 되었다.

어느 날 밤, 쓰루가 사라졌다. 마치 꿈꾸는 듯한 느낌이었던 것으로 기억한다. 입술이 선뜩 차가워 눈을 뜨니 쓰루가 머리맡에 반듯이 앉아 있었다. 불빛은 어슴푸레했지만 쓰루는 빛이 나듯이 아름다운 흰 옷을 차려입고 마치 다른 세상에서 온 사람처럼 냉랭하게 앉아 있었다.
"일어나 봐." 쓰루가 작은 목소리로 말했다.
나는 일어나려고 애써봤지만 졸려서 도저히 일어날 수 없었다. 쓰루는 살그머니 일어나 방을 나갔다. 다음 날 아침 일어나 쓰루가 집에 없다는 사실을 알아차렸다.

"쓰루가 없어. 쓰루가 없어졌어." 나는 무척 서럽게 울어댔다. 아이의 마음에도 갈기갈기 애끓는 슬픔이었다. 그때 쓰루의 말을 듣고 일어났더라면 어떻게 되었을까. 그렇게 생각하면 지금도 나는 슬프고 후회스럽다. 쓰루는 멀고먼 타국으로 시집을 갔다. 그 일은 훨씬 나중에서야 들었다.

친어머니나 다름없이 사랑하던 여성이 어느 날 느닷없이 자신을 버린 것이다. 사정이야 어찌 됐든 아이로선 버림받은 것이 틀림없다. 애착 대상을 갑자기 빼앗긴 아이는 세상을 전부 잃은 것과 같은 충격을 받는다.

다자이 오사무는 그 후 유모를 딱 한 번 만났다고 한다.

내가 초등학교 2, 3학년쯤 되던 해 오봉お盆(양력 8월에 쇠는 일본의 명절_역주)에 쓰루가 우리 집에 다녀갔다. 완전히 딴사람이 되어 있었다. 하얀 얼굴빛을 한 작은 남자아이를 데리고 왔다. 부엌 화롯가에 남자아이와 둘이서 나란히 손님처럼 새치름하게 앉아 있었다. 내게도 공손히 머리 숙여 인사를 했는데 정말로 서먹서먹했다. 할머니가 자랑삼아 내 학교 성적을 쓰루에게 알려주는 바람에 내가 무심코 그만 히죽 웃자 쓰루는 나를 똑바로 마주보며 이렇게 일러줬다.

"다른 곳엔 훨씬 잘하는 아이가 많습니다."

나는 깜짝 놀랐다.

애착 대상을 향한 사모의 정을 그 기억과 함께 없애는 탈애착 과정이 확실하게 진행됐다. 유모의 쌀쌀한 태도에 그도 서먹했을 것이다. 하지만 유모의 한마디로 인해 그는 자신이 지우려 했던 존재를 깨닫고 깜짝 놀랐다. 유모가 얼마나 큰 기대를 하고 있는지를 느끼고 그는 힘껏 발돋움하려 생각했을 것이다. 유모의 그 짧은 한마디는 다자이 오사무에 대한 그녀의 애정과 기대가 결코 사라지지 않았다는 사실을 보여줬다. 하지만 탈애착 과정은 계속 진행됐다. 점차 유모의 일은 그의 기억에서 멀어져갔다.

애착 대상에 대한 기억을 지우고 정을 끊음으로써 아이는 몸부림치는 듯한 슬픔과 고통에서 자신을 지킬 수밖에 없다. 하지만 절대 그것만으론 문제가 해결되지 않는다. 애착 대상을 향한 마음을 끊어버리는 과감한 결단은 무언가 중요한 것도 함께 잘라내는 부작용을 초래한다.

다자이 오사무는 왜 친부모에게 순수한 사랑을 느끼지 못했을까. 그리고 부모는 왜 그에게 부정적인 반응만 보였을까. 그가 지닌 위화감의 뿌리는 억지로 떼어낸 애착에 있었던 것으로 보인다.

다자이 오사무가 《신록의 노래》를 쓴 것은 그가 고후甲府라는 도시에 살던 무렵으로, 자살 미수와 약물의존의 늪에서 빠져나와 인생의 새출발을 꾀하던 시기였다. 하지만 유서로서 쓰인 최초의 작품 《추억》에는 유모라는 말이 한 번도 나오지 않는다. 이 책에 나오는 여성은 그에게 책을 읽으라고 가르치며 많은 책을 함께 읽은 '하녀'로 표현됐다. 그 하녀에게 애착을 갖고 있던 일이나 그 하녀가 어느 날 갑자기 사라졌다는 내용은 유모 쓰루의 이야기와 일치하지만, 별로 많이 쓰지도 않았으며 은근하게 언급했을 뿐이다. 이 시기 그는 여전히 유모와의 이별에 따른 상처를 정면으로 마주하지 못했던 것이다.

애착장애를 가진 사람은
누구도 마음으로 신뢰하거나 존경하지 못하고
비딱한 태도를 취하는 한편, 상대의 안색을 민감하게 살피는
모순된 성향을 지니고 있다.

어덜트 칠드런,
애정결핍의 또 다른 이름

부모의 부재나 양육자 교체가 애착에 상처를 남긴다는 사실은 부정하기 어렵다. 하지만 양자가 됐다고 해서 모두 불안정한 애착 유형을 보이는 것은 아니다. 부모가 없더라도 부모를 대신한 다른 사람에게 양육되면서 안정된 애착 유형을 형성하는 사람도 많다. 반대로, 친부모 밑에서 자랐어도 불안정한 애착 유형을 나타내는 사람도 있는데 오히려 이러한 현상이 최근에 증가하고 있다.

앞에서 언급한 대로, 특별히 문제가 있을 것 같지 않은 평범한 가정에서 자란 아이의 약 3분의 1, 그리고 성인의 3분의 1 정도가 불안정한 애착 유형으로 밝혀졌다. 이렇게 많은 사람이 어릴 때 부모와의 이별이나 사별 또는 양육자의 교체를 경험한 건 아니라는 사실은 분명하며 학대를 받았다고도 생각하기 어렵다.

그렇다면 도대체 무엇이 관련돼 있는 걸까. 이와 관련해 밝혀진 내용 중 하나는, 부모의 애착 유형이 자녀에게 전달되기 쉽다는 사실이다. 애착 유형은 다양한 대인관계에 영향을 미치는데 특히 부모가 되었을 때 아이와의 관계에서 즉각 나타나는 경향이 있다. 수많은 연구에서도 부모의 애착 유형이 아이의 애착 유형에 크게 영향을 미친다는 사실이 입증됐다. 다시 말해, 불안정한 애착 유형을 지닌 부모의 아이는 불안정한 애착 유형을 보이기 쉽다.

특히 엄마의 애착 유형과 자녀의 애착 유형은 밀접하게 관련돼 있어 엄마가 불안정한 애착 유형인 경우, 아이도 엄마와의 사이에 불안정한 애착 유형을 형성하기 쉽다고 알려져 있다. 또한 양자가 된 아이의 경우, 친어머니와 양어머니가 각자 아이에게 초래하는 영향을 비교해보면 친어머니의 애착 유형보다 양어머니의 애착 유형이 훨씬 큰 영향을 미친다. 결국 친어머니의 애착 유형이 불안정형이라도 길러준 부모가 안정형이라면 아이의 애착 유형도 안정형이 될 확률이 높다. 유전적 요인보다 양육환경의 영향이 큰 것이다.

물론 엄마의 애착 유형이 훨씬 영향이 크기는 하지만, 아버지의 애착 유형이나 그 아이의 양육에 관여한 다른 사람의 애착 유형도 아이에게 영향을 미친다. 또한 좀 더 시간이 흐른 뒤 만나는 사람들과의 관계에 의해서도 변화나 수정을 겪게 되고 10대 초반 무렵부터 자신의 애착 유형으로서 자리를 잡아간다.

《끝없는 이야기》와 《모모》 등의 명작으로 잘 알려진 독일의 작가 미하엘 엔데Michael Ende는 불안정한 애착을 겪었으며, 결국 그것을 극복한 사람이기도 하다. 엔데의 불안정한 애착의 근원을 파헤쳐보면 분명 어머니가 겪었던 애착의 문제로 거슬러 올라간다.

엔데의 어머니 루이제 바르톨로메는 자식 이상으로 파란만장한 인생을 살다간 여인이었다. 그녀는 성장과정에서부터 무척 가혹한 시련에 부딪쳤다. 그녀가 태어난 지 4개월 되었을 때 제철소에서 일하던 아버지는 펄펄 끓어오르는 용광로 속으로 떨어져 죽음을 맞았다. 그리고 그녀가 세 살 반이 되었을 때 어머니마저 병으로 세상을 떠났다. 이후 혼자 남겨진 그녀는 고아원에서 자라게 되었다.

열대여섯 살 때 고아원을 나와 팔레스타인에서 사회 활동을 하고 있던 이복 언니를 도왔지만, 잡일만 하다 보니 일하는 보람을 느낄 수 없어서 독일로 돌아왔다. 마침 제1차 세계대전이 시작되던 때로, 그녀는 속성 간호사 양성 모집에 응시하여 간호사가 되었고 부상병을 치료하며 세월을 보냈다. 전쟁이 끝나자 조금 모아둔 돈으로 속옷이며 여성용 레이스 잠옷을 파는 작은 가게를 열었다. 가게는 바느질하는 종업원을 열 명이나 둘 정도로 번창했다. 먹고사는 데는 여유가 있었지만 그녀는 그러한 생활이 성에 차지 않았다.

이미 30대가 된 바르톨로메는 요하네스 뮐러라는 인물이 개최한, 지금으로 말하자면 심리 치유를 위한 합숙 세미나에 참가하기 위해 독일 알프스 산기슭에 있는 엘마우Elmau 성으로 갔다. 오늘날엔 콘서트 장소로도 자주 사용되는 이 성은 뮐러가 백작부인의 지원을 받아 '현세의 은신처'로 건축한 곳인데 당시 그의 가르침을 청해듣고자 하는 사람들이 각지에서 몰려들었다. 인생의 지혜를 설파하는 현인賢人 뮐러의 가르침과 알프스 자연이 무척이나 마음에 든 그녀는 이곳에서 지내고 싶어졌다. 그렇게 마음을 정하자 행동력 있는 그녀는 번창하고 있던 가게를 정리하고 엘마우 성에서 가까운 가르미슈Garmisch(바이에른 알프스 산지의 추크슈피체로 향하는 들머리에 자리 잡은 마을_역주)로 거처를 옮기고 관광객을 상대로 하는 액세서리 가게를 열었다.

그로부터 몇 년이 흐른, 어느 비오는 날이었다. 가게에 젊고 잘생긴 화가 에드가 엔데Edgar Ende가 들어섰다. 물건을 사지도 않으면서 전혀 가게를 나가려고도 하지 않는 이 손님에게 신경이 곤두선 그녀가 말했다. "이제 그만 나가주시죠!" 하지만 그와 몇 마디 대화를 나누다 보니 딱한 마음에 빗속으로 내쫓지 못하고 결국, "어쩔 수 없으니 차라도 마시고 가세요"라고 말하기에 이르렀다. 당시 에드가는 27세, 바르톨로메는 36세였고 머지않아 두 사람은 사랑에 빠졌다. 그리고 이듬해인 1929년 2월 결혼했다.

그해 10월 뉴욕의 월가에서는 주가가 대폭 하락했다. 주가 폭락의 여파는 마침내 전 세계로 파급됐고 불경기와 실업, 나치스의 대두라는 암흑시대를 맞이했지만, 엔데 집안은 큰 영향을 받지는 않았다. 의지할 부모도 없이 고아로 꿋꿋이 살아온 바르톨로메가 37세에 겨우 행복을 손에 넣게 된 것은 11월 아들인 미하엘 엔데가 태어나고부터다. 그녀가 37세까지 결혼하지 않고 종교적인 가르침에서 자신의 버팀목을 찾으려 했다는 사실은, 그녀가 다른 사람과 친밀한 관계로 발을 내딛을 수 없었다는 사실을 보여주고 있다. 애착불안과 아울러 강한 애착회피도 안고 있었던 것이다.

이 애착불안과 애착회피 성향은 결혼하고 나서도 남편과의 관계에 자주 문제를 일으켰다. 이는 크게 두 가지 문제로 요약할 수 있는데, 하나는 남편의 애정을 집요할 정도로 확인하는 일이었다. 남편이 다른 누군가에게 조금이라도 친절하게 대하거나 관심을 보이면 그녀는 심한 불안과 분노에 사로잡혔다. 또 하나는 남편의 결점이나 실수에 대해 가차 없이 비난하는 일이다. 이것도 애착불안이 심한 사람에게 나타나기 쉬운 현상이다. 하지만 이러한 경향은 두 사람의 신뢰관계를 굳게 하기보다는 상처를 입혔다.

오랫동안 힘겨운 나날을 함께 극복했으면서도 나중에 그가 새로운 반려자에게 돌아선 것은 그녀의 부정적이고 공격적인 성격에 진력이 났기 때문일 것이다. 아무리 인내심이 강한 사람이라도 책망을 듣고 비난만 받으면서 인생을 마치고 싶어 하진 않는다.

남편인 에드가 엔데는 아내에 비하면 줄곧 평온하게 자라 본성도 온순하고 인내심 강한 성격이었다. 하지만 애착 면에선 작은 상처를 안고 있었던 모양이다. 아내와 알고 지낼 당시 그는 아직 신출내기 화가였는데 이미 한 번 이혼한 상태였다. 사실 그는 교제 중이던 유대인 소녀를 뒤쫓아 가르미슈 마을에 왔던 것이다. 가난한 화가와의 교제를 반대하는 소녀의 부모가 딸을 가르미슈에 있는 기숙학교로 보냈기 때문이다.

미하엘 엔데는 이러한 부모 밑에서 태어났다. 부부는 모두 엔데를 무척 사랑했다. 특히 어머니에게 자신의 아이를 품에 안는 일은, 반쯤은 체념하고 있던 기적과 같았다. 엔데는 그녀에게 틀림없이 '기적의 아이'였으며 무척이나 특별한 존재였다. 하지만 아버지에겐 현실회피적인 면이 있었다. 생활이 힘들어져 아내와 자주 싸우게 되자 점차 자식의 존재가 무거운 짐으로 느껴졌다. 어느 날, 어린 엔데는 아버지가 이렇게 말하는 것을 들었다. "자식 따위, 낳는 게 아니었는데."

아버지는 자신이 좋아하는 그림을 그리면서 사는 일을 가장 중요시했다. 부부의 관계는 항상 불안정했다. 아내는 쉽게 상처받았으며 서로 공격하는 사이 남편도 상처받아 금세 거친 말로 언성을 높이게 됐다. 사소한 오해도 순식간에 큰 싸움으로 번졌다. 크리스마스와 특별한 날에도 마찬가지였다. 며칠씩 걸려 선물을 준비하고 요리를 만들지만 마침내 식탁에 마주 앉았을 때는 이미 두 사람 모두 피곤에 지쳐 있었고, 사소한 일이 빌미가 되어 무슨 일이든 엉망이 되곤 했다. 크리스마스 선물을 받아도 그다지 기뻐하지 않는 듯한 아들의 모습에, 부모는 "이 아이는 자기 감정을 별로 드러내지 않는 애야"라고 여겼다 한다. 하지만 부모가 그렇게 싸우고 있으니 아이로선 어쩔 수 없지 않은가.

과보호라고 할 만큼 사랑을 받은 한편, 엔데는 항상 아버지와 어머니가 서로 욕하고 싸우는 소리를 들으며 자랐다. 그는 어릴 때부터 자신이 두 사람을 계속 이어줘야 한다고 생각했다 한다. 자신이 착한 아들이 되지 않으면 아버지와 어머니는 헤어지게 될 것이라는 생각을 줄곧 품어왔던 것이다. 이러한 환경 탓에 반항적인 일면과, 눈치를 살피며 상대를 기쁘게 하려고 행동하는 성향이 섞인 복잡한 성격을 기르게 되었다.

　이는 부모를 자신의 힘으로 조절하려 하는 통제형 애착 유형이다. 이러한 유형은 자신의 본심을 숨기는 성향으로 연결되어, 서비스 정신이 왕성하고 연기를 하면서 행동하는 능력을 키우기도 한다. 엔데가 처음에 배우가 되려 했던 데는 이러한 어릴 적 체험이 바탕이 되었을 것이다.

　엔데는 애착불안이 강한 불안형 어머니와 어떤 일에도 거리를 두려 하는 회피형 아버지 사이에서 자랐다. 엔데는 어머니에 가까운 불안형 애착 성향이 강했으며 그것을 극복하기 위해 주위의 분위기를 통제하려 하는 통제형 애착 성향을 발전시킨 것으로 보인다. 하지만 적어도 엔데는 엄마에게서 과잉이라고 할 만한 사랑을 받았기에 엄마와의 애착 자체는 비교적 안정됐다. 이 안정된 애착이 그의 인생을 지켜줬다는 사실은 의심할 여지가 없다.

　빌 클린턴은 스스로 어덜트 칠드런Adult Children(성인인데도 아이처럼 대인관계를 제대로 하지 못하는 사람_역주)이라고 고백했듯이 상당히 심각한 애착장애를 안고 자랐다. 그가 엄마 배 속에 있을 때 친아버지는 교통사고로 세상을 떠났다. 클린턴이 태어나 한 살이 될까 말까 할 무렵, 어머니는 장래의 생활을 위해 간호사가 되기로 굳게 결심하고 학교가 있는 뉴올리언스로 길을 떠났다. 어린 클린턴은 조부모에게 맡겨졌다. 이 시점에 그는 어머니와의 사이에 애착의 끈이 끊어져 애착에 상처를 안게 됐는데, 불행은 그것만으로 끝나지 않았다. 조부모가 클린턴을 엄격하게 키웠고 그는 즐거운 유년기를 보내지 못했다.

간호사가 된 어머니가 그를 데리러 왔지만 그것은 새로운 고난의 시작이었다. 어머니는 새아버지인 로저 클린턴과 함께 왔던 것이다. 하지만 새 사위와 딸이 못 미더웠던 그의 할머니는 그들에게 클린턴을 내주려 하지 않았다. 서로 클린턴을 맡겠다고 다투던 싸움은 위태롭게 법정투쟁으로까지 번졌지만, 법정에 서기 직전 어머니가 할머니의 뜻을 꺾고 그를 데리고 갔다. 그러나 자신을 키워준 할머니와 친어머니가 서로 미워하며 싸우는 게 무척 괴로웠던 소년 클린턴은 애착에 한층 더 상처를 입게 되었다.

새아버지 로저 클린턴은 할머니가 예상했던 것처럼 변변치 못한 술주정뱅이였다. 애써 개업한 자동차 판매 대리점을 도박으로 날려버리자 나중에는 술에 취해 아내와 의붓아들에게 폭력을 쓸 정도로 형편없었다. 반면 어머니는 매춘부들을 상대로 성병을 검사하여 썩 괜찮은 돈벌이를 했다. 생계를 위해서 간호사 면허를 최대한 활용한 것이다. 하지만 일이 바빠진 데다 노는 데 열심이었기에 클린턴에게 충분한 애정을 쏟았다고 하기 어렵다. 어머니는 바람기가 있어 질투에 눈먼 의붓아버지와 매일 밤마다 크게 싸웠다.

의붓아버지와 어머니는 말싸움으로는 부족해서 서로 총을 겨눈 적도 있었다고 한다. 실제로 침실 벽에는 발포로 생긴 탄환 자국이 남아 있었다. 하지만 그런 어머니에게 클린턴은 놀랄 만큼 순종적이었다. 할머니도 어머니도 그리고 필시 의붓아버지까지도 사랑한 그는 강한 개성을 지닌 세 사람 사이에서 미묘한 균형을 잡아야만 했다. 불안정한 애착 유형은 항상 다른 사람의 안색에 민감해 상대의 비위를 잘 맞추는 능력을 지나치게 발휘하기도 하는데, 클린턴도 그런 아이였다고 할 수 있다.

하지만 표면적으론 맞춘다 해도 속마음까지 모두 감추진 못했다. 심각한 애정결핍은 그의 육체에도 특징적인 변화를 가져왔다. 이상할 정도로 비만 체형이 된 것이다. 유치원 때는 줄넘기에 발이 걸려 넘어져서 다리뼈가 네 군데나 부러진 일도 있었다. 비참하고 불안정한 가정생활과는 반대로, 그는 주변 사람들에게 밝고 사교적이며 행복한 아이로 보였다. 그는 남들에게 그렇게 보이게끔 행동함으로써 균형을 이루는 방법을 알고 있었던 것이다. 연기와 거짓말은 그 당시부터 클린턴의 '천성'이었다는 증언이 잇따르고 있다.

후에 백악관에서 일어난 전대미문의 섹스 스캔들에 얽혀 대통령에게 성적 학대를 당했다고 주장한 여대생 모니카 르윈스키 Monica Lewinsky는 이렇게 증언했다. "빌 클린턴은 어릴 때부터 줄곧 거짓말과 기만으로 가득 찬 인생을 보냈다고 말했어요."

그래도 어머니는 항상 변함없이 클린턴의 편이었으며 그가 어머니의 비위를 맞추는 통제형 애착 성향을 보이긴 했지만 두 사람 사이의 애착의 끈은 불안정하게나마 유지됐다. 그러한 점에서 여전히 희망이 있었다고 할 수 있다. 어머니와의 애착이 불안정할수록 아이에게 미치는 영향은 한층 더 심각해진다. 다음에 소개할 헤밍웨이처럼 말이다.

《무기여 잘 있거라》,《누구를 위하여 좋은 울리나》,《노인과 바다》 등의 걸작으로 유명한 미국의 작가 어니스트 헤밍웨이Ernest Hemingway는 어머니와 심한 갈등을 겪으며 살았다고 한다. 부유한 가정에서 나고 자란 어머니는 오페라 가수를 꿈꾸었으며 매디슨 스퀘어 가든Madison Square Garden 무대에 한 번 선 일이 있을 정도로 음악적 재능이 뛰어난 여성이었다. 하지만 고생을 모르고 자란 데다 뛰어난 재능이 있다 보니 가사나 육아 등 가정적인 일에는 소홀했다. 청소와 요리를 무척이나 싫어했으며 육아에도 무관심했다. 우유를 먹이는 일과 고운 목소리로 자장가를 불러주는 것 외에 아이를 돌보는 일은 전부 유모와 하녀에게 맡겼다.

이렇게 제멋대로인 주인마님의 행동 때문에 하녀가 잇따라 그만두는 상황이 벌어졌고 하녀가 없는 동안엔 의사인 남편이 가사를 돌봐야만 할 때도 있었다. 그러한 일도 부부 사이에 골을 만드는 한 가지 원인이 되었다. 남편은 아내에게 기를 펴지 못했는데,

이는 아내의 친정이 워낙 부자였던 데다가 결혼할 당시 남편의 수입이 변변찮았기 때문이다. 당시 제자를 50명이나 두고 있던 아내의 수입이 남편 수입의 20배나 되었다. 남편은 기가 센 아내에게 자신의 마음을 분명하게 주장하지 못하는 소심한 면도 있었다. 그래서 참고 인내하길 거듭했던 것이 나중에 비극으로 이어졌다고도 할 수 있다.

자녀 교육 방침이나 예절 교육을 둘러싸고도 부부 간 의견 차이가 심했다. 남편은 청교도 전통을 이어받은 근면하고 성실한 인물로 야외활동을 좋아해 자연 속에서 사냥과 낚시로 잡은 포획물을 요리하는 것을 즐겼다. 그리고 아들에게도 총과 도끼의 사용법과 더불어 인내력과 극기심을 가르쳤다. 헤밍웨이가 후일 낚시와 사냥에 열중한 것도 아버지에게 받은 영향이 컸다고 할 수 있다.

한편 어머니는 헤밍웨이의 관심을 예술로 향하게 하려고 어릴 때부터 콘서트와 미술관에 데리고 다녔다. 하지만 어머니의 이러한 방법은 아들을 위한다기보다는 어딘가 자기만족을 위한 행동인 듯 보였다. 이는 어머니가 헤밍웨이를 어릴 때 여자아이처럼 꾸며서 키웠다는 사실에서도 단적으로 드러난다. 어머니는 딸 쌍둥이를 키우고 싶다는 소망을 실현하기 위해 헤밍웨이를 한 살 반 위인 누나와 똑같이 입히고 꾸몄다. 게다가 남매의 학년을 같게 하기 위해 누나를 일 년 이상 유치원에 다니게 했다. 어머니는 자신의 이상을 위해 자식을 인형처럼 취급한 것이다. 어릴 때는 어머니의 요구에 꼼짝 못했던 헤밍웨이였지만 자라면서 점점 어머니에게 반발과 혐오감을 드러냈다. 두 사람의 관계는 순탄하지 못했으며 그가 성인이 되었을 때는 결코 회복할 수 없는 지경에 이르렀다. 그렇게 된 데는 엄마와 자식 사이에 있어야 할 애정의 결여가 밑바탕에 자리한다. 이에 그는 조바심과 죄의식을 느꼈다.

또한 어머니에 비해 친근하게 느꼈던 아버지와의 관계도 그리 원만하진 않았다. 엄격하고 결벽성 있는 아버지는 관용이 부족하고 신경질적인 면이 있어 아이가 무언가를 제대로 하지 못하거나 말을 듣지 않으면 금세 초조해했고 때리기도 했다. 그러한 아버지에게도 헤밍웨이는 분노와 반발심을 느꼈다.

어머니와의 애착은 애정이 희박한 데다 버려질지도 모른다는 불안감이 섞여 있었고 아버지와의 애착 역시 안정되지 못했다. 이러한 상황을 한층 더 틀어지게 한 계기는 아버지의 자살이라는 예기치 못했던 사건이었다. 아버지에 대한 반발은 죄책감으로 바뀌었고, 어머니에 대한 반발은 아버지를 죽음으로 몰아넣은 장본인에 대한 증오로 바뀌었다. 헤밍웨이가 작가로서 성공하고 큰돈을 벌게 되었을 무렵 어머니는 경제적으로 쪼들리고 있었다. 어머니가 울며 사정하자 헤밍웨이는 생활비를 보내겠다고 말은 하면서도 태도는 매우 냉랭했다.

"태어나서 죄송합니다"
자기부정의 늪

불안정한 애착 유형을 길러내는 중요한 요인 중 하나는, 부모에게 부정적인 대우나 평가를 받으며 자라는 일이다. 아이에게 보통 수준보다 뛰어난 능력과 장점이 있는데도 부모가 그 아이를 부정적으로 키우는 경우가 있다. 심지어는 완전히 애물단지 취급하는 일마저 있다.

이러한 전형적인 예는 《인간 실격》의 다자이 오사무에게서 찾아볼 수 있다. 그가 남긴 유명한 말, "태어나서 죄송합니다"는 그의 마음속 본질을 매우 단적으로 표현한 말이다. 그는 어릴 때부터 부모에게 인정받지 못한다는 의식을 떨쳐버리지 못했다. 이것은 착각도 억측도 아니었다. 실제로 그의 부모는 다자이 오사무의 출생을 그다지 달가워하지 않았다. 그도 나쓰메 소세키처럼 어머니가 늦은 나이에 낳은 자식이었다. 어머니는 이 나이에 아이를 낳은 일이 창피하다는 생각에 자식을 별로 귀여워하지 않았고 유모에게 맡기거나 하인에게 보살피도록 하는 일이 점차 많아졌다. 이러한 어머니의 마음은 아버지에게도 옮아가 아버지도 어딘지 모르게 다자이 오사무에게 비판적이고 부정적으로 대했다. 그가 자살 미수를 일으킨 일이 신문에 보도가 되어 부모의 얼굴에 먹칠을 하기 훨씬 이전, 그가 초등학생이었던 때부터 아버지는 그러했다.

부모에게 부정적인 평가밖에 받지 못한 아이가 부모를 매우 난처하게 하는 일을 저질러 부모의 평가에 걸맞은 행동을 실현하는 일이 자주 있는데, 이러한 일은 애착장애를 가진 아이에게서 빈번하게 나타난다. 부정적인 대우를 받고 자란 사람은 아무리 뛰어난 재능이 있더라도 자기부정의 성향에 빠지기 쉽다.

소설가이자 평론가 오오카 쇼헤이大岡昇平에 따르면, 시인 나카하라 주야中原中也는 고향의 본가로 돌아가길 꺼려했다고 한다. 그는 군의관에서 개업의가 된 아버지에게 자신은 못나고 어리석은 자식일 뿐이라는 생각을 평생 지울 수 없었다. 나카하라 주야는 아버지가 32세, 어머니가 29세 때 맏이로 태어났다. 부부의 기쁨은 각별했고 그만큼 장남에게 거는 기대도 남달랐다. 아들이 밖에서 다른 아이들과 놀거나 수영하는 것을 금지시켰다는 일화는 그의 어린 시절을 가장 단적으로 보여준다. 그가 주변 환경에 물들 것을 염려하고 또 위험을 두려워했기 때문이다. 하지만 과보호는 오히려 자녀의 성장을 비뚤어지게 할 뿐 아니라 부모와의 관계까지 틀어지게 한다. 그것은 그가 아버지의 장례식 때 고향으로 돌아오지 않았던 데에서도 드러난다.

부모는 점점 반항적이 되어 감당할 수 없게 된 그를 규슈九州에 있는 절에 맡겨 아들의 정신 상태를 뜯어고치려는 강경 대책에 나섰다. 하지만 그렇게 해서 사태가 개선될 리 없었다. 문제는 그가 아니라, 자식을 자신이 기대하는 틀에 맞추려고 하는 부모의 방침과 아버지와는 전혀 다른 그의 성격을 부모가 전혀 이해하지 못하는 데 있었다.

이듬해 나카하라 주야는 야마구치山口현립중학교 3학년에서 낙제했다. 부모에겐 무척이나 충격인 동시에 도저히 세상 사람들 앞에 체면이 서지 않는 일이었다. 결국 그는 쫓겨나 교토京都에 있는 리쓰메이칸立命館중학교로 보내졌다. 그곳에서 그는 마음이 더욱 황폐해졌고 세 살 연상인 여배우 지망생 하세가와 야스코長谷川泰子와 동거하면서 건달 생활에 빠지기 시작했다.

부모가 아이를 감싸안고 높이 평가해야 아이의 자기긍정감이 높아진다. 그뿐만 아니라 부모를 안전기지로서 기댈 수 있어야 안정감이 높아지고 다른 사람과도 창조적이고 긍정적인 관계를 맺을 수 있다. 하지만 안전기지를 갖지 못한 사람은 상황을 제대로 판단할 여유를 잃고, 가까이 있는 사람을 안전기지로 착각해 기대려 한다. 그 결과 불안정한 관계 속에서 자신이 있을 곳을 찾으려 하고 배신당하거나 상처를 입으면서 한층 더 인생을 혼란하게 만든다.

나카하라 주야에게 가장 큰 비극은, 친구로 마음을 터놓고 지내던 평론가 고바야시 히데오小林秀雄에게 하세가와 야스코를 빼앗긴 일이다. 사람 좋은 나카하라 주야는 동거할 두 사람의 이사까지 도와줬지만 속마음으론 깊이 상처받았다. 그는 두 사람에게 한꺼번에 배신당한 것이다. 훗날 그는 정신적으로 변화가 일어나 피해망상에 빠지기도 했는데, 이때의 일이 원인 중 하나가 되었다고 할 수 있다.

부정적인 대우를 받고 자란 사람은 아무리 뛰어난 재능이 있더라도
자기부정의 성향에 빠지기 쉽다.

엄마의 우울증,
상처받는 아이

　　　　　　불안정한 애착의 요인으로 최근 주목받는 것은, 자녀가 어릴 때 엄마가 우울증에 걸려 엄마로서의 역할을 다하지 못하는 상황이다. 우울증뿐 아니라 경계성 인격장애나 조울증, 약물의존, 정신분열증 등의 정신질환은 애착에 영향을 미친다.

　출산 직후 산후우울증을 겪는 여성의 비율은 30퍼센트 정도이며, 그중 절반은 우울증이라 진단받고 있다. 또한 0세부터 12세까지의 자녀를 둔 엄마의 40퍼센트가 우울증을 경험한다고 한다. 이처럼 우울증은 발생 빈도가 매우 높으며 아이와의 애착 형성이 이뤄지는 시기에 걸리기 쉬우므로 불안정한 애착의 요인으로서 매우 중요하게 다뤄져야 한다.

　엄마의 우울증이 중요한 또 하나의 이유는, 이 우울증이 학대나 무시를 야기하는 위험 요소라는 사실이 밝혀졌기 때문이다. 우울증으로 인해 마음의 여유를 잃고 제대로 생활을 관리해나가지 못한다는 실질적 이유와 더불어, 우울증에 걸리기 쉬운 사람은 완벽주의나 결벽증 또는 지나치게 강한 의무감에 시달리는 성향을 띠는 일이 많다. 이러한 성향이 학대를 유발할 가능성이 높다는 것이다.

　영국의 도널드 W. 위니콧Donald Woods Winnicott은 소아과 의사였다가 아동정신과 창시자가 되어 모자관계의 중요성에 최초로 주목했다. 그는 아이의 성장 과정에서 놀이의 역할을 중시하고 치료에도 도입한 것으로 알려져 있다. 큰 규모로 장사를 하는 유복한 집에서 태어난 위니콧은 삼남매의 막내로 누나가 두 명 있었다. 그의 아버지는 장사로 성공하고 항구도시 플리머스plymouth 시장을 두 번이나 역임한 지역 명사로 남작의 작위도 받았다. 하지만 위니콧에 따르면 아버지에겐 학습장애가 있어 고등교육을 받지 못했기 때문에 중앙정계에 진출하지는 못했다고 한다. 여느 성공한 사람들과 마찬가지로 아버지는 무슨 일이든 자신의 생각대로 하려는 지배적인 인물이었다. 일도 공무도 바빴기 때문에 아들과 놀아줄 짬이 없었던 듯하다.

반면 그의 어머니는 눈부신 남편의 활약상에 비춰보면 그리 두드러지지 않은 여성이었는데, 일설에 따르면 우울증이 있었다고 한다. 또한 수유 중에는 신경이 날카로워져 막내인 위니콧은 일찌감치 젖을 뗄 수밖에 없었다고 한다. 훗날 위니콧은 아이의 건전한 성장과 정신적 안정을 위해선 무엇보다 엄마가 모성을 흠뻑 쏟아야 한다고 강조하며 모성의 결여가 아이에게 여러 가지 문제를 초래한다고 지적했다. 위니콧의 이러한 주장은 자신이 유년기에 엄마의 모성적 몰입이 부족한 상황에 놓였던 체험에서 비롯됐다는 점에서 깊은 인과관계를 엿볼 수 있다.

게다가 위니콧은 엄마의 우울증이 자녀의 정신적 안정과 발달에 영향을 미친다는 사실을 최초로 밝혀낸 인물이기도 하다. 어린 시절 위니콧이 우울해하는 엄마의 마음을 편하게 해주는 것이 '자신의 일'이라 믿고 있었다는 사실은, 훗날 그가 우울증이 있는 엄마 밑에서 자라난 아이에 관해 서술한 내용과 꼭 들어맞는다. 위니콧의 두 누나는 모두 한 번도 결혼하지 않은 채 부모 밑에서 지냈고, 부모를 돌보며 일생을 마쳤다. 남매 중 위니콧만 결혼하고 이혼과 재혼을 경험했다. 누나들이 결혼하지 않았다는 것은 엄마의 우울증이 초래한 분리불안으로 자립에 방해가 된 게 아닐까 하는 의구심이 들게 한다. 위니콧 식으로 말하자면 누나들은 '거짓의 자신'으로밖에 살지 못했을지도 모른다.

우울증이 있는 엄마 밑에서 자란 아이는
엄마를 웃게 하는 일이 '자신의 일'이라고 믿는다.

가능성을 이끌어내는
타인과의 관계

지금까지 애착과 관련해 주로 다뤄져 온 주제는 엄마와의 관계에서 비롯된 문제였다. 실제로 엄마의 부재나 역할 부족은 애착장애의 가장 큰 위험 요인이며, 그 후의 애착 유형뿐 아니라 발달 전반에 영향을 미치기 쉽다. 하지만 엄마가 없더라도 안정된 모습으로 성장하는 아이도 있다. 반대로 엄마와의 애착이 안정돼 있는데도 이후 불안정한 애착 유형을 나타내는 아이도 있다. 그 이유는 단순하다. 아이에게 부모는 한 사람이 아니며 그 아이를 지켜보는 사람은 더 많기 때문이다.

엄마와의 애착이 결여돼 있더라도 그 부분을 보완할 만큼의 안정된 애착관계가 아버지나 다른 양육자와의 사이에서 제대로 이뤄진다면 악영향을 피할 수 있다. 한편, 엄마와의 애착이 안정적으로 형성돼 있더라도 애착관계의 아버지가 세상을 떠난다거나 부모 사이에 심한 불화가 계속된다면 아이는 상처를 받게 된다. 그리고 그 아이는 평소의 애착 방식과 달리 반항하거나 무관심한 태도를 취함으로써 상처로부터 자신을 보호하려 할 것이다. 이러한 체험은 이후의 애착 유형에 그림자를 드리우게 된다.

결국 애착의 문제는 엄마와의 관계만으로 모두 설명되고 해결되는 것이 아니다. 지금까지는 애착 연구가 엄마와의 애착을 중심으로 이뤄져 왔다. 이를테면 아버지와의 애착의 안정성이 자녀에게 어떤 의미와 영향을 미치는지에 관해선 거의 거론된 일이 없다. 부모의 이혼 또는 사별과 애착 유형의 관계를 밝힌 한 연구에 따르면, 아이가 4세 미만일 때 아버지가 사망하거나 이혼해서 곁에 없는 경우, 아이에겐 애착회피와 애착불안의 성향이 둘 다 강하게 작용해 애착 유형이 불안정해지기 쉽다는 사실이 밝혀졌다. 하지만 4세 이상인 경우엔 통계적으로 주목할 만한 영향은 드러나지 않았다. 하지만 개개의 사례를 보면 분명히 영향을 미치는 일이 많다.

부모 이외에도 조부모나 형제 또는 가까이에서 친하게 지내는 친구나 친척, 교사와의 관계도 아이에게 영향을 준다. 친구를 사귀고 어른에게 보호받고 자란 아이와 따돌림 당하거나 부정적인 대우를 받고 자란 아이가 각각 애착 유형이 다르게 형성되는 것은 당연하다. 이러한 경험이 모두 축적돼 그 사람의 애착 유형이 만들어져 간다. 10대 초반이 되면 거의 애착 유형이 확립되기는 하지만 여전히 변화할 여지는 있다. 중학교, 고등학교, 대학교, 취업 등 주변 환경이 달라짐에 따라 애착 유형이 미묘하게 변화하는 일은 드물지 않다. 하지만 가장 큰 변화가 일어나기 쉬운 계기는 연애나 결혼으로 파트너와 친밀한 관계를 맺는 일이다.

연인이나 배우자는 애착 유형에 관련해 일찍이 엄마가 미친 영향에 맞먹을 정도로 큰 영향을 미친다. 불안정한 애착 유형의 사람이 안정된 애착 유형을 지닌 사람과 함께 있음으로써 안정을 찾기도 한다. 반대로 안정된 애착 유형의 사람이 불안정한 애착 유형을 지닌 배우자의 영향으로 불안정형으로 바뀌는 경우도 있다. 다만, 두 사람의 조합은 불가사의해서 안정형의 사람끼리 결합한다 해서 반드시 평온해지는 건 아니다. 반대로 불안정형의 사람끼리 서로 부족한 부분을 잘 보완해 행복한 결혼생활을 하고 서로 상대의 가능성을 이끌어내 사회적으로 성공하기도 한다.

이처럼 양육자를 포함한 주위 환경이 애착 유형을 결정하는 핵심 요인이라는 연구 결과가 있는 한편, 타고난 기질에 의해서도 일부분 영향을 받는다는 점도 지적돼 왔다. 그 사실을 뒷받침하듯 신생아 단계에서 짜증을 내거나 스트레스에 부정적인 반응을 강하게 나타내는 등 엄마가 다루기 힘들어 하는 아기는, 나중에 불안정 저항 애착이나 불안정 혼란 유형의 애착 상태를 보이는 경향이 많았다. 이는 유전적으로 애착장애를 초래하는 불리한 기질이 관여하고 있을 가능성을 나타낸다. 다만, 이러한 경우 엄마에겐 아이에 대한 반응이 부족하다거나 과도하게 통제하려는 성향이 보인다. 유전적 기질과 엄마의 반응 성향이 모두 불리한 방향으로 상호작용을 일으킴으로써 불안정한 애착 유형이 형성되는 것이다.

CHAPTER 3

애착의 상처와 마주하라

적절한 거리를
유지하세요

안정된 대인관계를 유지하고 있더라도 부모와의 애착이 불안정한 경우 애착장애가 내재돼 있어 스트레스를 받는다거나 할 때 불안정한 면이 타인과의 관계에서도 표면으로 드러나기 쉽다. 부모와의 관계를 살필 때 염두에 둬야 할 것은, 애착에 문제가 있는 경우 부모에 대한 적의나 원망 같은 부정적인 감정뿐 아니라 지나치게 순종하거나 또는 착한 아이로 행동하여 부모를 기쁘게 하려는 성향도 보인다는 사실이다. 이렇게 양쪽의 상반된 감정과 행동이 혼재돼 있는 경우가 많다. 관계가 원만히 유지되고 있을 때는 부모의 마음에 들기 위해 부모를 기쁘게 하지만, 관계가 원활하지 않을 때는 부정적인 감정이 분출돼 관계가 급속히 악화되기도 한다.

또 하나는 부모의 기대에 부응할 수 없는 자신을 심하게 부정하거나 책망하는 일이다. 부모를 부정하는 한편, 부모에게 인정받지 못하는 자신을 쓸모없는 인간으로 여기는 경향이 있다.

어머니가 세상을 뜨기 몇 개월 전, 헤밍웨이는 어떤 잡지 기자에게 어머니를 가리켜 '늙어빠진 암캐'라고 거침없이 비난했다. 하지만 어머니가 세상을 뜨자 자신의 자서전을 쓰는 작가에게 이렇게 말했다. "우리 집안의 모든 일이 잘못되기 전, 젊었을 때의 어머니는 얼마나 아름다웠던가, 그리고 모든 것이 엉망이 돼 버리기 전 우리 삼남매는 얼마나 행복했던가를 줄곧 생각하고 있습니다."

그의 말엔 분명 어머니를 향해 부정적인 언어를 쏟아붓고 연을 끊은 자신에 대한 회한과 죄책감이 섞여 있다. 이 감정은 후에 헤밍웨이를 괴롭히는 우울증의 한 가지 원인이 되었을 것이다. 거절, 공격, 증오와 더불어 이상화 그리고 죄의식이라는 감정이 뒤섞인 양면적인 생각은, 엄마에게 불안정한 애착밖에 갖지 못한 아이들이 엄마를 잃었을 때 공통적으로 느끼는 감정이기도 하다.

좁은 의미에서의 애착장애는 특정한 애착 대상에 대한 선택적인 애착 형성이 손상된 상태를 뜻한다. 그래서 아무에게도 애착을 느끼지 못하거나, 반대로 누구에게나 친밀하게 행동하는 것이다. 누구에게나 친근하게 대하는 경우는 얼핏 문제가 없는 것처럼 보일지 모르지만, 조금 더 깊이 생각해보면 심각한 문제를 안고 있다는 사실을 알 수 있다. 누구에게나 애착을 보인다는 건 특정한 애착 대상을 갖지 못한다는 뜻이며 실제로 애착대상이 바뀌기 쉽다는 문제점을 드러낸다. 특히 연애관계에 있어서 누구에게나 친밀하게 대한다면 갈등과 싸움의 원인이 되고 신뢰관계도 유지될 수 없을 것이다.

　헤밍웨이가 겪고 있던 불안정한 애착은 그의 인생을 파란만장하게 했으며 비극적인 종말을 맞이하는 데 보이지 않는 힘을 작용시켰다고 할 수 있다. 그 영향력의 하나는, 애정관계를 이어가지 못하고 결혼과 이혼을 반복한 일이다. 첫 번째 아내는 엘리자베스 해들리 리처드슨Elizabeth Hadley Richardson으로 헤밍웨이보다 8살 연상이었다. 그에겐 아내인 동시에 어머니 같은 존재였다고 볼 수 있다.

　그녀는 아버지를 자살로 잃고 고집이 센 어머니 곁에서 자라 마음에 상처를 지닌, 정서가 불안정한 여성이었다. 헤밍웨이는 이러한 점 때문에 그녀를 더욱 매력적으로 느꼈을 것이다. 같은 마음의 상처를 지닌 사람끼리 통하는 공감대가 이뤄졌던 것이다. 무명작가 시절을 아내의 뒷받침과 그녀의 신탁재산에서 생기는 수

입에 의존해 그럭저럭 살아갈 수 있었다. 아들도 낳았지만 헤밍웨이의 놀기 좋아하는 버릇 탓에 아내와의 사이는 점차 벌어졌고 출세작인 《해는 또다시 떠오른다》가 성공한 직후에 두 사람은 헤어졌다. 직접적인 계기는 패션잡지 〈보그〉의 편집자인 폴린 파이퍼Pauline Pfeiffer와의 외도였다. 파이퍼는 헤밍웨이의 두 번째 아내가 되었다.

그러나 이후에도 헤밍웨이의 바람기는 그칠 줄 몰랐다. 심지어는 외도 상대가 바람을 피워 벌어진 추잡한 싸움 속에서 결국 세 번째 아내가 될 신출내기 작가인 마서 겔혼Martha Gellhorn을 만난다. 두 사람은 스페인 내란을 함께 취재하면서 급속히 가까워졌다. 하지만 그녀는 어떤 의미에서 헤밍웨이가 가장 싫어하던 자신의 어머니처럼 상승 지향을 추구하는 매우 야심찬 여성이었다. 헤밍웨이에게 접근한 것도 그를 성공의 발판으로 삼으려는 의도가 뚜렷이 보였다. 실제로 그녀는 기자로서 헤밍웨이의 명성을 능가할 정도의 활약을 보였고 가정 일은 제쳐놓고 해외를 돌아다니는 생활을 이어갔다. 그는 어머니와 꼭 닮은 여자와 결혼하는 실수를 저질렀다는 사실을 뒤늦게 깨달았다. 결국 그녀와의 결혼은 네 번의 결혼 중 가장 짧은 기간에 끝이 나고 말았다.

마지막 아내가 된 메리 웰시Mary Welsh Hemingway는 모성애가 강한 여성이었다. 헤밍웨이의 어떤 난폭한 명령에도 충실히 따라줬다. 온화하고 인내심 강한 여성을 마지막 아내로 선택한 것이다. 그녀는 남편이 와인 잔을 내던져도 "무슨 일이 있어도 나는 이곳을 나가지 않겠어요" 하고 선언했다. 남편의 온갖 결점을 다 받아들이며 끝내 부부로 함께했던 것이다. 4번의 결혼 중에서 가장 안정된 결혼 생활을 보냈다고 할 수 있다.

하지만 그 후 출간한 회고록 《이동축제일》에는 첫 아내와 지낸 무명시절에 대한 향수의 정감이 그려져 있었다. 헤밍웨이의 마음속에 해들리 리처드슨이 계속 살고 있었다는 사실을 드러냈던 것이다.

애착장애에서 대인관계의 특성은, 상대와의 거리가 지나치게 가깝거나 너무 멀어서 어느 한쪽으로 치우치게 되므로 적당한 거리를 유지할 수 없다는 점이다. 무척 서먹서먹하고 몇 년이 지나도 사이가 조금도 가까워지지 않는 경우도 있고, 눈 깜짝할 사이에 친근한 관계가 되지만 오히려 너무 가까워진 거리로 인해 피곤해져 관계가 끝나기도 한다. 적절한 거리를 두고 사귀면 오래 유지될 관계도 지나치게 가까워지면 서로 쉬이 피로해지고 만다.

상대와의 거리를 조절하는 토대가 되는 요소가 바로 그 사람이 지닌 애착 유형이다. 불안정한 애착 유형의 경우 적당한 거리를 둔 대등한 관계를 유지하기가 어렵다. 회피형 애착 유형의 사람은 친밀해질 정도의 거리까지 상대에게 다가가려 하지 않기 때문에 좀처럼 깊은 대인관계를 맺지 못한다. 반면 불안형 애착 유형의 사람은 거리를 둬야 하는 남녀관계에서도 금세 사적인 거리로까지 좁히고는, 친해지는 것은 곧 연애관계나 육체관계를 의미한다고 여기는 성향이 있다. 회피형과 불안형의 양쪽 요소가 섞여 있는 경우에는, 처음 한동안은 매우 서먹서먹하거나 마음을 터놓지 못하지만 개인적인 이야기를 조금 꺼내기만 해도 급속하게 가까워져서 연애 감정으로 치닫기 쉽다.

적절한 거리를 두고 사귀면
오래 유지될 관계도 지나치게 가까워지면
서로 쉬이 피로해지고 만다.

상처에 사로잡히는
당신

애착장애를 가진 사람은 사소한 스트레스에도 부정적인 반응을 일으키기 쉽다. 이를테면 스트레스를 자신에 대한 공격으로 받아들여 즉시 반격 행동에 나서는 것이다. 공격이 바깥으로 향하기도 하고 자신에게 향하기도 한다. 폭력적인 행동으로 타인에게 분노를 폭발시키는 사람이 있는 반면에, 자신에게 상처를 입히는 행동으로 내달리는 사람도 있다. 두 가지가 합쳐진 경우도 많다. 공격이 자신에게 향하는 경우, 스트레스가 행동이 아니라 내면으로 향하는 반응 양상을 나타낸다. 그 전형적인 현상은 우울증이나 불안이다. 자신을 책망하고 침울해지거나 나쁜 결과를 예상하고 불안에 떨기도 한다. 감정을 잘 억제하고 인내심 강한 사람에게 이러한 반응이 일어나기 쉽다.

쉽게 상처받고 안전감에 위협을 자주 느끼는 사람은 피해적인 인지나, 자신이 주변에서 조작당하고 있는 듯한 병적인 인지에 빠질 위험도 높아진다. 실제로 정신적인 문제가 생기기 쉬우며 심신증(심리적인 스트레스가 하나의 계기가 되어 일어나는 신체의 질환_역주)이나 우울증, 불안장애뿐 아니라 정신질환이 될 위험성도 높다. 도미노 게임의 첫 단계에 해당하는 것이 애착장애이며 최후 단계가 갖가지 '질환'이다. 애착장애가 초래하는 '마이너스'의 과정을 멈추는 일이 매우 중요하다.

애착은 심리적인 문제뿐 아니라 생리적인 기능의 발달에도 관여한다. 따라서 애착장애를 가진 사람은 신경과민으로 인해 자율신경계에 문제가 생기기도 한다. 나쓰메 소세키는 왜 노년까지 신경쇠약과 위궤양으로 고생했던 것일까. 다자이 오사무는 왜 초등학생 때부터 불면증에 시달리다가 약물의존증이 되고 자살로까지 내몰렸을까. 애착장애나 불안정한 애착 유형을 가진 사람들의 일생을 스트레스와 병이라는 관점에서 되짚어보면, 그들이 대체로 스트레스에 민감하고 건강도 그다지 좋지 않아 정신적으로도 위기에 빠지기 쉬웠다는 사실을 알 수 있다. 어릴 때부터 야뇨증이나 신경질 같은 문제가 많았던 것도 바로 그 때문이다.

그에 비해 똑같이 위인으로 불리면서도 안정된 애착 유형을 띤 사람들은 스트레스로 시달리는 일도 적고, 굳세고 심신이 건강해서 노년까지 정정하게 지낸 사람이 많다. 이를테면 같은 화가라도 안정된 애착 유형을 보인 르누아르Pierre Auguste Renoir나 모네Claude Monet와 불안정한 애착 유형을 나타낸 고흐Vincent van Gogh, 위트릴로Maurice Utrillo, 그리고 모딜리아니Amedeo Modigliani는 그 차이가 뚜렷하다. 물론 유전적 요인도 있었지만 애착 유형도 유전적 요인에 못지않게 그들의 인생과 건강을 좌우한 게 틀림없다.

안정된 애착 유형의 사람이 표현하는 분노는 긍정적인 목적을 향하고 있다. 상대를 모두 부정하는 것이 아니라 문제 해결을 위해 초점을 맞추고 분노를 표출한다. 개인을 향한 적의나 증오의 공격이 아니라 문제 자체를 겨냥한 분노다. 이러한 분노는 인간관계를 깨뜨리기보다 오히려 굳건히 하고 문제 해결을 촉진하는 데 도움이 된다.

하지만 불안정한 애착 유형의 사람의 분노는 상대를 정신적, 육체적으로 아프게 하는 방향으로 기울기 쉽다. 이는 상대와의 관계 자체를 파괴하는 데 작용한다. 파괴적인 효과밖에 내지 못하는 분노를 '비기능적 분노'라 하는데, 특히 불안형의 사람은 이러한 분노에 사로잡히는 경향이 있다.

한 연구팀은 피험자인 젊은이들에게 친구와 짝을 지어 상당히 어려운 과제에 몰입하도록 했다. 그리고 과제가 잘 풀리지 않아 실망과 분노를 느꼈을 때 친구에게 어떠한 행동을 취하는지를 관찰했다. 그 결과 불안정한 애착 유형의 사람은 실망이나 분노를 느낄수록 친구의 제안을 거부하거나 함께 상의하지 않는 등 부정적인 양상을 많이 보였다. 하지만 안정된 애착 유형의 사람에게선 그러한 행동은 나타나지 않았고 오히려 친구에 대한 부정적인 행동이 줄어들었다. 이 결과는 안정된 애착 유형의 사람일수록 분노의 에너지를 잘 조절하여 더욱 건설적인 방향으로 나아간다는 사실을 보여준다.

비기능적 분노를 표출하는 사람에게서 나타나기 쉬운 특징은 상처받은 일에 오래 사로잡히게 된다는 것이다. 이처럼 상처에 사로잡혀 있는 일이, 받은 상처보다도 훨씬 더 자신을 괴롭히기도 한다. 없었던 일처럼 잊어버리면 그만이지 기분이 가라앉지 않고 몇 년 또는 몇 십 년이나 불쾌한 생각이 마음을 어지럽히고 인생을 헛돌게 하는 일도 생긴다.

상처를 쉬이 물리치지 못하고 사로잡히는 것은 애착에 상처를 입은 사람의 특성이라고도 할 수 있다. 게다가 애착의 상처는 또 하나의 특성을 만들어낸다. 과잉 반응을 드러내기 쉽다는 것이다. 상대의 의도를 확대 해석하여 상처를 받거나 상대의 감정에 말려들기 쉽다. 상대를 과거에 같은 행동을 한 사람과 동일시한 결과,

그저 단순하게 자신을 해롭게 한 사람으로 본다거나 이상화하는 양극단적인 반응도 일어난다. 있는 그대로의 상대가 아니라 자신의 기억 속에 있는 존재와 겹쳐서 생각하고 거기에서 비롯된 믿음으로 상대를 한순간 판단하게 된다.

극단적인 반응엔 애착장애에서 나타나기 쉬운 또 하나의 중요한 특성이 관련돼 있다. 이는 '흑 아니면 백'이라는 이분법적 인지에 빠지기 쉽다는 점이다. 좋고 싫음이 지나치게 분명해서 싫은 사람에게도 좋은 점이 있다는 사실을 인정하지 못한다. 이러한 극단적인 경향은 대인관계를 오래 유지할 수 없게 만든다.

나쓰메 소세키는 고등 사범학교의 일을 그만두고 마쓰야마松山에 있는 중학교 교사로 부임한다. 당시의 일을 쓴 소설 《도련님》에서 주인공인 '나'는 교사들에게 별명을 붙이고 교활하게 행동하는 교감인 '빨간 셔츠'를 눈엣가시로 여긴다. 하지만 현실적으로 생각해보면 '빨간 셔츠'는 모든 면을 부정당해야 할 만큼 악인은 아니다. 오히려 사회적으로 미숙한 사람은 '나'다. 그러나 '나'의 시선에서 보면, 음지에서 살금살금 약삭빠르게 처신하는 빨간 셔츠는 용서할 수 없는 존재다. 나쓰메 소세키는 마지막에 날달걀을 냅다 던져서 응징한다는 내용으로 울분을 풀었지만, 거기에는 그 자신이 '흑 아니면 백'이라는 인지로 사람을 판단하는 성향을 갖고 있다는 사실이 나타난다. 그 증거로, 그는 마쓰야마에서 지낸 이후에도 같은 일을 반복했다.

마쓰야마에서 일 년 만에 되돌아온 나쓰메 소세키는 구마모토 熊本의 제5고등학교로 옮겼지만 그곳도 마음에 들지 않아 이번에는 런던으로 유학을 떠난다. 하지만 겨우 두세 달 만에 대학 수업에 나가지 않게 되었고 거의 날마다 하숙집에 틀어박혀 답답하게 지냈다. 하숙집 여주인이 자신에게 짓궂게 굴자 진심이라 믿고 밖에도 나가지 않았다. 피해망상에 빠져 있었던 것이다.

귀국해서 문과대학(훗날 도쿄대학 문학부)의 강사와 제1고등학교 교사가 됐지만, 그곳에서의 인간관계도 내키지 않아 견딜 수 없어 했다. 피해망상에서 벗어난 것은 《나는 고양이로소이다》로 명성이 높아져 대학을 그만둬도 작가로서 살아나갈 수 있게 되고부터였다. 하지만 대학을 뛰쳐나와 신문사 소속 작가가 됐지만 작가로서의 명성에 그늘이 보여 신문사 내에서의 입장도 점차 고립되어만 갔다. 그러면서 생계를 위해 연재소설을 계속 써야만 하는 상황이 되자 다시금 악순환을 반복하게 된다. 소세키는 정신질환이 생기는 인생의 갈림길까지 몰렸지만, 그 삶의 고뇌를 작가라는 생업으로 바꿈으로써 가까스로 제정신을 유지하여 파멸을 면했다고도 할 수 있다.

나는 너를
그리워하고 있다
부분에 대한 집착

애착장애를 가진 사람은 전체적인 관계나 시점이 아니라 부분적으로 분열된 관계나 시점에 빠지기 쉽다. 상대가 아무리 잘해줘도 한 번 불쾌한 일을 당하면 그 이외의 일은 소멸돼 상대를 전부 부정하게 되는 식이다. 이러한 대상과의 관계를 영국의 정신분석학자 멜라니 클라인Melanie Klein은 '부분 대상관계'라 불렀다. 이는 대개 유아에게서 볼 수 있는데 성장함에 따라 상대를 전체적인 존재로 볼 수 있는 '전체 대상관계'의 시점을 갖추게 된다. 애착장애가 유아기 단계에서 가장 일어나기 쉬운 문제라는 걸 생각하면, 애착장애를 가진 사람의 경우 '부분 대상관계'에서 '전체 대상관계'로 가는 발달과정에 손상을 입는다는 사실을 이해할 수 있다.

덧붙여 클라인의 '대상관계'를 존 볼비는 '애착'으로 새롭게 파악했다. 이 의미에서 보면 부분 대상관계에서 전체 대상관계로의 이동은 애착의 성숙을 뜻한다고도 할 수 있지만, 그 과정에서 가장 중요한 것은 상대에게 '마음'과 '인격'이라는 말로 표현되는 통합적인 존재를 느낄 수 있다는 사실이다.

가령 엄마가 나쁜 짓을 한 자식을 꾸짖으면서 눈물을 보이는 광경을 생각해보자. 부분 대상관계의 단계에 있는 아이의 경우, 자신이 한 행동과 '꾸중'이라는 결과를 결부시켜 생각할 줄은 안다. 이렇게 아이는 '어떤 행위를 하면 꾸중을 듣는다' 는 조건은 알고 있지만 왜 자신이 혼나야 하는지, 그리고 도대체 어머니가 왜 눈물을 흘리는지는 이해하지 못한다. 하지만 전체 대상관계를 자각한 아이는, 자신의 행동으로 인해 어머니는 화가 났을 뿐만 아니라 슬프기까지 하다는 것을 이해한다. 그럼으로써 아이는 '어떤 행위를 하면 꾸중을 듣는다' 라는 조건이 성립되는 것은 물론, '자신이 나쁜 짓을 해서 어머니를 슬프게 했다'는 상황을 이해하고 자신도 슬픔을 맛보게 된다. 그래서 후회와 자책의 감정이 생겨 진심으로 반성하고 행동을 제어하게 된다.

부분 대상관계와 전체 대상관계를 가르는 기준은 '상대의 기분을 아느냐 모르느냐'의 차이이며, 바꿔 말하면 '공감성이 생기느냐 아니냐'이다. 결국 부분에 사로잡히기 쉬운 상태는 공감성이 결여됐다는 뜻이다. 애착장애를 가진 사람은 상대의 기분을 느끼는 공감성이 발달하지 못한 편이다. 상대방의 입장에서 생각하는 데 서툴다. 이는 어릴 때 공감을 느끼고 접했던 경험이 부족한 것과 관련이 있을 것이다.

부분 대상관계가 우위이며 공감성이 부족한 경향은 애착관계에서 특유의 왜곡을 낳기 쉽다. 대개 건전하다고 인정받는 애정은, 상대에 대한 사랑과 존경이라는 내면적 요소와 상대의 육체적인 매력이라는 외면적 요소가 일체화한 것이며 상대의 마음도 육체도 포함한 존재 전체를 사랑하는 것이다. 하지만 애착장애를 가진 사람의 경우, 그러한 전체성은 자주 붕괴되고 애정의 대상이 되는 것은 상대의 극히 일부분이 되는 경우도 생길 수 있다. 가령 상대가 여성이라면 육체 중에서도 다리, 가슴 등 한 부분만 애정의 대상으로 삼는 경우도 있다. 상대의 마음엔 거의 관심이 없고 외모나 집안, 학벌에만 특별한 관심을 나타내기도 한다.

가와바타 야스나리의 《소년》이라는 작품엔 그가 동성의 하급생에게 품은 연정이 청년답고 한결같은 모습으로 그려져 있다. 생생하고도 정겨운 필치다.

내 뺨이 그의 뺨에 포개지고 나의 마른 입술은 그의 이마와 눈꺼풀에 내려앉는다. 내 몸이 너무 차가워 안쓰럽기 그지없다. 기요노清野는 때때로 천진난만하게 눈을 뜨고는 내 머리를 끌어안는다.

이 열정은 부모에 대한 애착을 잊고 있던 그가 처음으로 체험한 '애착'인지도 모른다. 50세의 가와바타 야스나리는 이 작품의 바탕이 된 체험을 회상하며 《독영자명獨影自命》에 이렇게 서술하고 있다.

나는 이 사랑에 따뜻함을 느끼고 맑아졌으며 구원받았다.

가와바타 야스나리는 도쿄로 올라와 제1고등학교(현 도쿄대 교양학부_역주)에 입학한 후에도 이 소년에 대해 특별한 감정을 계속 품고 있었던 모양이다. 러브레터라고도 할 수 있는 편지의 한 구절이 《소년》에 인용돼 있다.

너의 손가락을, 손을, 팔을, 가슴을, 뺨을, 눈꺼풀을, 혀를, 치아를, 다리를 애착했다. 나는 너를 그리워하고 있다.

하지만 이 열정적인 문장에서 앞에 서술한 애착장애 특유의 징

후를 볼 수 있다. 부분 대상관계의 사랑은 종종 페티시즘fetishism적인 면모를 띤다. 가와바타 야스나리의 작품에서 드러나는 특유의 미의식엔 평범한 애정을 뺀 듯한 투명감이나 무력감이 있지만 이 문장에서는 애착부전을 보상받기 위해 지나치게 발달한, 부분에 대한 집착이 느껴진다.

지나친 고집,
심술 맞은 반응

헤밍웨이는 투우에 무척 매료돼 매년 스페인을 찾았다고 한다. 헤밍웨이의 친구들은 그의 투우에 대한 열정을 전혀 이해하지 못했으며 어떻게 동물 학대를 그리도 즐길 수 있는지 눈살을 찌푸리는 사람도 있었다. 헤밍웨이는 아프리카에서 사냥으로 잡은 사자의 곁에서 자랑스러운 듯이 찍은 사진을 남기기도 했다. 헤밍웨이는 친구들의 비난에 대해 이렇게 답했다. "나는 소를 소 이외의 존재로 생각한 적이 없다네. 나는 동물에 애착 따윈 갖지 않아." 그 밖에 투우에 매료된 사람으로, 프랑스 작가이자 사상가인 조르주 바타유Georges Bataille가 떠오른다. 그도 굉장히 심한 애착장애를 안고 있었다. 헤밍웨이와 마찬가지로 미워하던 아버지의 죽음에 대해 깊은 죄책감을 느끼고 있던 것이다.

애착장애를 가진 사람에게선 때로 잔혹한 취미나 동물학대 성향을 찾아볼 수 있다. 그 근간에는 왜곡된 공격성의 문제와 공감성의 결함이 연관돼 있다. 동물에 애착을 갖지 않는다는 헤밍웨이의 말은, 동물을 물건이나 무생물로 간주하는 감수성 결함을 드러내고 있으며 이는 애착장애에서 비롯된 것으로 보인다.

감수성이 극도로 낮아지면 위험을 개의치 않는 형태로 나타나기도 한다. 헤밍웨이는 취재 기자 또는 의용군으로서 전쟁터에 뛰어들어 매우 무모하게 행동하기도 했다. 포탄이 비 오듯 쏟아지는 속에서 태평하게 식사를 한 일도 있다. 함께 있던 병사들은 지하 참호로 피해 들어갔는데도 말이다. 그들의 눈에 헤밍웨이의 행동은 용감하다기보다 이상하게 보였을 것이다. 이렇듯 위험에 대한 극도의 둔감성은 중증의 회피형 애착을 갖고 있는 사람에게서 주로 나타나는 현상이다. 애착장애를 가진 사람의 중요한 특징 중 하나는, 지나치게 고집을 부린다는 점이다. 자신에게 불이익이 된다는 사실을 알면서도 결코 멈추지 못하는 경우가 많다. 비기능적 분노와 마찬가지 의미에서 비기능적 집착이라 할 수 있다. 자신의 방식을 고집하고 부정당하면 당할수록 끝내 그 일을 해내려 든다.

안정된 애착 유형의 사람은 서로 의견을 주고받으며 상대의 기분을 살피고 양보하기도 하며 마음을 바꾸기도 해야 한다는 것을 배운다. 그러한 유연성은 안심할 수 있는 애착이라는 온화한 환경이 있어야 비로소 발달하는 능력이다. 그런데 불안정한 애착 환경에서 자라면 아이는 그러한 유연성을 몸에 익히지 못하고 자신에게 집착해 자신을 보호하려 한다. 부모가 불안정한 애착 유형인 경우엔 부모도 유연성이 부족하므로 아이에게 강요하거나 지배적인 대응을 하기 때문에 아이도 같은 유형으로 자라기 쉽다. 애착장애의 뿌리가 깊을수록 더욱더 심술 맞은 반응을 보인다. 사실은 순수하게 상대의 요구에 응하고 싶지만 일부러 저항하는 것이다. 이는 애정을 빼앗긴 일에 대한 무의식적인 분노의 표현이기도 하다. 깊은 애착장애를 가진 어떤 소녀는 그 심리를 다음과 같은 말로 표현했다. "응석부리고 싶은 마음을 참다 보면 반항하고 싶어져요."

  유연성의 결핍은 엄격하거나 너그럽지 못한 성격으로도 통한다. 어떤 심리 실험에선 피험자의 애착불안을 높이기 위해서 죽음을 의식하게 하는 조작을 행한 뒤, 일탈행동이나 도덕에 반하는 행동을 취하는 사람에게 어떤 반응을 보이는지를 조사했다. 그러자 불안정한 애착 유형의 사람은 자신의 가치관과 도덕관에서 벗어난 사람에 대해 '엄격하게 벌해야 한다'는 의견을 많이 냈다. 반면에, 안정된 애착 유형의 사람은 엄한 벌을 원치 않는 너그러운 반응을 나타냈다고 한다.

안전기지를 가진 사람은 자기긍정감이 높고,
다른 사람과도 창조적이고 긍정적인 관계를 맺는다.

애착은 모든 발달의
토대가 된다

아이는 애착이라는 안전기지가 있기 때문에 안심하고 탐색 활동을 하며 인지적, 행동적, 사회적 발달을 이뤄간다. 다시 말해 애착은 모든 발달의 토대다. 그렇기 때문에 애착장애가 있으면 발달 문제도 생기기 쉽다.

발달 문제는 기본적인 행동의 조절부터 자율신경의 제어, 여러 가지 학습, 협조하고 문제에 대처하는 사회적 능력의 획득까지 여러 방면에 걸쳐 나타난다. 그 한 가지 예는, 어려운 일이나 스트레스에 부딪칠 때의 대처 능력이다.

안정된 애착을 지닌 아이는 자신 혼자서 감당할 수 없는 문제가 생기면 다른 사람에게 도움을 구하거나 상담하는 일을 자연스럽게 여긴다. 하지만 애착장애가 있으면 그런 일을 제대로 하기 어렵다. 자신만의 힘으로 해결하려고 끝까지 버티다가 결과적으로 무너지는 일이 일어나곤 한다. 또한 애착장애를 가진 사람은 향상심이나 자기긍정감이 부족한 경향이 있다. 따라서 공부든 일이든 목표를 향해 노력하려는 의욕이 좀처럼 솟아나지 않는다. 부모에게 인정을 받고 용기와 지원을 받고 있는 아이는 자신을 위해서나 부모를 기쁘게 하기 위해서 열심히 하려고 하지만, 부모에게 부정당하거나 부모의 관심을 제대로 받지 못한 아이는 열심히 하려는 마음을 갖기 어렵다.

실제로 애착장애를 안고 있던 위인들 중엔 지금이라면 '발달장애'라는 진단을 받았을 것으로 생각되는 사람이 많다. 나쓰메 소세키도, 미하엘 엔데도, 헤르만 헤세도 어릴 때는 행동에 문제가 심각하게 드러났다. 애플 사의 전 CEO이자 비즈니스계의 영웅적 존재인 스티브 잡스Steve Jobs도 그중 한 사람이다.

잡스는 태어난 지 몇 주 만에 친어머니와 헤어져 양자가 되었다. 그는 어릴 때부터 산만하고 충동적인 경향을 보였으며 살충제를 맛보거나 콘센트에 머리핀을 집어넣어 몇 번이나 병원에 실려 가기도 했다. 지금이라면 ADHD(주의력결핍 과잉행동장애)라는 진단을 받았을 것이다. 그의 행동 배경에는 분명히 애착장애가 있었다. 그가 보인 산만한 태도와 충동성은 본래 발달장애에 의한 것이라기보다는 애착장애에 따른 현상이다.

미하엘 엔데는 학교 가기가 싫고 공부가 싫었다고 한다. 여기에는 불안정한 가정환경도 영향을 미쳤다고 할 수 있다. 부모와의 애착이 불안정한 아이는 애착할 수 있는 상대에겐 과도하게 의존하는 한편, 애착할 수 없는 상대에겐 지나치게 공격적으로 자라기 쉽다. 엔데에게 학교와 교사는 자신을 부정하는, 그래서 애착할 수 없는 대상이므로 반항적이 되어 자신을 지킬 수밖에 없었다. 나쁜 친구와 불장난을 하다가 불이 번져 숲을 통째로 태우는 사건을 일으킨 적도 있었다. 경찰의 조사에 응하고 처벌도 각오했지만 숲의 소유자가 관대한 처분을 바란 덕에 시설로 보내지지는 않고 마무리됐다. 하지만 그때까지 친절하게 대해주던 사람들의 시선이 달라졌기 때문에 마을에 살기 힘들어져 어쩔 수 없이 이사를 하게 되었다. 불장난이나 방화라는 행동도 애착에 문제가 있는 아이에게 자주 나타나는 현상이다.

독일 출신 작가인 헤르만 헤세Hermann Hesse도 물건을 부수거나 불을 지르는 등 장난이 심했다. 대학에 진학하기 위한 9년제 학교인 김나지움Gymnasium에서 도망치고 자살 미수까지 저질러 시설로 보내지기도 했다. 선교사인 헤세의 부모는 아들이 착한 아이가 되기를 강박적으로 요구했지만 그는 시설에 들어가면서 점점 더 성질이 비뚤어져 부모와의 관계는 악화되기만 할 뿐이었다.

애착의 문제가 발달에도 영향을 미친다는 사실은 다소 복잡한 상황을 초래한다. 원래 발달장애는 유전적 요인이나 태아기 또는 출산 시기의 문제로 인해 발달에 문제를 일으키는 것을 뜻하는데, 애착장애에 따른 발달의 문제도 역시 발달장애로 진단된다. 증상만으로 두 가지를 구별하기는 어려운 경우가 많기 때문이다. 특히 어릴 때 생기는 애착장애는 아이의 이후 발달에 유전적 요인보다 더 큰 영향을 미칠 수 있다. 애착 유형은 제2의 유전자라 불릴 만큼 큰 지배력을 갖는다.

즉 사교적인 유전자를 가지고 태어난 아이라도 어릴 때 부모에게 버림받거나 또는 학대와 무시를 당하며 자란다면 다른 사람과 사귀기를 싫어하는 인물로 자랄 수 있다. 자폐증과 비슷한 발달장애인 아스퍼거장애Asperger syndrome로 진단받은 사람이 실제로는 애착장애였던 경우도 적지 않다. 이는 진단이 잘못됐다기보다 애착장애와 쉽게 구별하기 어려운 발달장애가 애착 문제로 인해서도 생기기 때문이다.

발달장애라는 진단이 보급된 것은 좋지만 본래의 정의를 넘어서 지나치게 확대돼 과잉 적용되는 문제도 일어난다. 애착장애에 의해 생긴 2차적인 발달 문제도 많이 발생한다는 점을 생각하면 더욱 신중한 태도가 필요하다. 애착장애와 발달장애가 서로 대처와 문제 접근 방식이 다른 면이 있기 때문이다. 애착장애의 경우 발달장애의 대처 방식을 그대로 적용한다면 문제가 좀처럼 해결되지 않는다.

애착장애가 발달장애를 야기하는 경우가 있는 반면, 반대의 경우도 있다. 발달장애가 있어 키우기 힘들기 때문에 부모와의 애착 형성이 잘 이뤄지지 않아 애착의 문제를 초래하기도 한다. 실제로 자폐증 아이의 경우 어머니와의 애착의 안정성을 조사해보면 건강한 아이에 비해 불안정한 애착의 비율이 높다. 물론 두 가지가 양립하는 경우는 그만큼 대응하기 어려워진다. 이러한 경우에 대처하기 위해서도 발달의 관점뿐 아니라 애착의 관점도 중요하다.

안정된 애착 유형의 아이는 자신의 흥미를 끄는 일이나 가능성을 넓혀주는 일에 지긋이 열중한다. 하지만 불안정한 애착 유형의 아이는 자신의 가능성을 시험하는 일에 지나치게 불안을 느끼거나 또는 자포자기해서 무기력해지고 처음부터 포기하는 경향이 있다. 그 결과 알지 못하는 사이에 스스로 가능성의 싹을 잘라내는 일도 많다.

안정된 애착 유형의 아이가 불안정한 애착 유형의 아이에 비해 학교 성적이 좋다는 사실은 많은 연구에 의해 증명됐다. 애착의 안정도는 현 시점뿐 아니라 장래의 성적까지도 예측할 수 있다. 가령 여섯 살의 시점에서 보았을 때 애착이 안정된 아이일수록 여덟 살 시점에서 성적이 좋았다.

　애착장애를 가진 사람은 자신의 잠재 능력을 활용하지 못하는 경우가 많다. 애착장애가 개선됨에 따라 지능지수가 1년 또는 2년 사이 30 이상이나 오른 예도 몇몇 있다. 애착장애에 의한 발달 문제인 경우엔 극적으로 문제가 개선되기도 한다.

　사회로 나가는 데 있어 매우 중요한 것은 자신의 특성과 흥미에 맞는 진로를 모색하는 일이다. 모색 기간이 너무 짧아도 폐단이 있지만 지나치게 길어 언제까지나 자신이 나아갈 길을 결정하지 못해도 곤란하다. 지금까지의 연구에 따르면, 안정된 애착 유형의 젊은이는 직업을 선택할 때 자신에게 맞는지 아닌지에 대해서 충분히 모색하고 검토하는 경향이 있다고 한다. 자신의 적성에 맞는 현실적인 직업을 선택하고 자신이 주체적으로 결정할 수 있다. 그리고 일단 진로를 선택하면 예상되는 어려움에 관해서도 분명히 인지한 뒤에 적극적으로 극복하려고 하며 착실한 발전을 이뤄간다.

　이에 반해 회피형이나 불안형 애착을 지닌 젊은이는 좀처럼 직업을 선택하기 어렵고, 그렇다고 해서 충분히 직업에 대해 고민하는 것도 아니다. 시간이 걸린 데 비해선 약간의 지식과 정보만으로 결정하는 경향이 있으며 자신의 선택에 대한 만족도도 낮다.

혼자서 감당할 수 없는 문제를 만났을 때,
애착장애를 가진 사람은 타인의 도움을 구하지 못한다.

이상한 집착

애착장애를 가진 사람은 상처받기 쉬우며 스트레스에 약하다. 게다가 안심할 수 있는 안전기지를 확보하기도 어렵다. 이러한 여건 속에서 자신을 지탱하기 위해 무언가 어떤 대상에 의존할 수밖에 없다. 하지만 이는 진심으로 신뢰할 수 있는 애착 대상과의 자율적 관계가 아니라 그릇된 의존이 되기 쉽다. 그러한 대상은 일시적인 위로나 도피는 될지언정 진정한 회복이나 용기를 주지는 않는다.

애착장애를 가진 사람은 알코올이나 마약에도 의존하기 쉽지만 음식이나 쇼핑, 연애, 섹스 같은 쾌락 행위도 의존 대상으로 삼을 수 있다. 148명을 대상으로 애착 유형과 비합법적 약물 남용 관계를 조사한 연구에 따르면, 불안정한 애착 유형의 사람은 약물 남용 위험이 높은 것으로 나타났다. 또한 애착장애는 물건에 대한 이상한 집착을 부르기도 한다. 애정결핍에 걸리기 쉬운 애착장애를 지닌 사람에게 물건이나 돈은 '애정의 대용품'인 것이다.

세계적 스타인 위노나 라이더Winona Ryder나 린제이 로한Lindsay Lohan이 절도로 체포된 것도 이러한 배경에서다. 과식, 의존과 마찬가지로 도벽이나 저장 강박증(어떤 물건이든지 버리지 못하고 저장해 두는 강박장애_역주) 같은 행동도 애착장애를 안고 있는 사람에게서 많이 나타나는 문제들이다.

헤밍웨이의 인생에 늘 따라다닌 것은 알코올과 연애에 대한 의존증이며 또한 우울증과 시의심이었다. 우울증과 시의심은 결국 헤밍웨이를 자살로까지 몰고 가게 된다. 음주 습관은 이미 젊을 때부터 시작됐다.《무기여 잘 있거라》에는 매일 밤 술을 마시며 지내는 주인공의 생활이 그려져 있기도 하다. 부상으로 입원한 병원에서도 헤밍웨이는 늘 브랜디를 마셨다고 전해진다. 첫 번째 아내와 파리로 건너가 특파원 업무를 하며 무명작가 시절을 보내던 동안에도 그는 술독에 빠져 있었다. 소설《위대한 개츠비》로 유명한 스콧 피츠제럴드F. Scott Fitzgerald나 소설가 에즈라 파운드Ezra Pound와의 만남에서도 술은 빠지지 않았다.

그래도 30대까지는 튼튼한 체력과 건강 덕에 전날 밤 아무리 과음을 해도 다음 날에는 기운찬 모습으로 일에 매진할 수 있었다. 하지만 40세 때 세 번째 아내인 마서 겔혼과 재혼한 뒤 쿠바의 별장에 틀어박히고 나선 점차 술타령의 도가 지나치게 되었다. 게다가 아내는 기자로서 활약하는 반면 《누구를 위하여 종은 울리나》 이후 히트작이 나오지 않은 헤밍웨이는 점차 우울한 나날을 보내게 되었다. 교통사고를 당해 중상을 입고도 침대에서 위스키를 홀짝홀짝 마시고 있는 모습에, 부랴부랴 달려온 그의 아내는 마침내 정나미가 떨어지고 말았다.

이 무렵 헤밍웨이는 소리 없이 다가오는 우울증을 알코올이나 위험한 모험으로 달래고 있었던 것이다. 《노인과 바다》의 성공과 노벨문학상 수상이라는 축제 분위기가 한차례 지나간 후, 다시 주량이 늘어나면서 점차 우울증에 사로잡히게 되었다. 결국 피해망상을 동반한 중증의 우울증으로 인해 남몰래 정신병원에 입원해 치료를 받았다. 하지만 두 번째로 퇴원한 지 이틀 후 이른 아침, 헤밍웨이는 마지막 아내인 메리 웰시의 눈을 속이고 산탄총으로 아래턱을 쏴 자살로 생을 마감하고 말았다.

애착장애를 가진 사람은 청소년기에 방황하기 쉽다. 한 연구에 따르면 13세 시점에 애착에 불안 경향이 강할수록 이후 3년 사이에 학교 성적이 떨어질 위험성이 높았고, 대학생을 대상으로 한 연구에서도 같은 결과가 나왔다.

대부분 중학교 2학년부터 대학교 2학년 정도까지가 인생에서 방황하기 쉬운 시기라 할 수 있는데, 이 시기는 인생을 크게 좌우하는 진로 선택의 시기이기도 하다. 이렇게 정체성을 확립하는 청소년기가 애착장애를 안고 있는 사람들에겐 더욱 큰 시련이 되기도 한다.

부모 밑에서 지낸 고등학교까지는 모든 면에서 순조로웠는데 대학교에 진학하고 혼자 독립해 살기 시작하면 경제적으로 힘들거나 학업 성과도 기대에 비해 저조한 경우가 많다. 반면 고등학교까지는 별 볼 일 없었지만 대학교에 들어가선 문제 없이 생활하고 발전하는 사람도 있다. 이러한 차이에도 애착의 안정도가 관련돼 있다는 사실이 밝혀졌다.

불안정한 애착 유형의 사람은 부모나 낯익은 사람들과 헤어져 자신만을 믿고 낯선 환경에서 살아야 한다는 사실이 강한 압박이 되기 쉽다. 그래서 자주 정서적인 혼란을 겪기도 한다. 한편, 회피형의 사람은 실패를 두려워한 나머지 지나치게 방어적이 되며 마음껏 도전을 펼치거나 어려운 과제에 몰입하길 스스로 피하기 때문에 실력을 발휘하기 힘들다.

자식에 대한
강한 저항

애착장애를 가진 사람에게 자녀 양육은 큰 과제다. 이때 크게 두 가지 유형이 있는데, 애초부터 아이를 싫어하거나 관심이 없는 경우와 아이는 좋아하지만 제대로 사랑하지 못하고 어떻게 대해야 좋을지 모르는 경우다.

스티브 잡스는 애플 사를 창업할 무렵, 조립 일을 하고 있던 크리스 앤이라는 여성과 가까운 관계가 되었다. 하지만 앤이 임신했다는 사실을 알게 되자 강경한 태도로 인공 유산을 강요했으며 그녀가 거부하자 인연을 완전히 끊었다. 나중에 그녀에게 태어난 딸이 친자감정을 한 결과 자신의 자식이라 밝혀졌는데도 그 사실을 인정하려 하지 않았고, 자신의 딸을 만나는 일도 완강히 거절했다. 결국 딸을 받아들이기까진 오랜 세월이 길렀다.

나쓰메 소세키, 다니자키 준이치로谷崎潤一郞, 가와바타 야스나리, 다자이 오사무, 일본문학을 대표하는 이 사람들은 모두 자녀에 대해서 관심이 부족하거나 제대로 사랑하지 못한 사람들이었다.

나쓰메 소세키는 아이가 울면 안절부절못하고 고함을 지르거나 손을 치켜들기도 했다. 아이는 그러한 아버지를 따르지 않았다. 한번은 딸이 이질로 입원해 그가 병실을 찾아갔는데 딸은 한마디도 하지 않았다고 한다. 다니자키 준이치로는 아이를 싫어했다. 사랑하는 여성에게 아이는 자신 한 사람으로 충분했던 것이다. 아이를 키우는 것에 대한 관심은 본래 육아의 본질에서 일탈해 양녀를 자신의 이상적인 여성으로 키운다는 망상이 담긴 《바보의 사랑》이라는 작품을 내놓기도 했다.

가와바타 야스나리는 아이 갖기를 주저하고 억누르는 마음을 품고 있었다. 결코 아이가 싫은 것은 아니며 동심을 동경하기까지 했지만 자신은 겪은 적이 없으므로 아이를 갖기가 두렵다고 했다. 아이가 무의식적인 사랑으로 다가오면 어떻게 응해야 좋을지 당황할 것이고 아이를 행복하게 하는 일은 불가능하다고 믿었다 한다. 자신은 부모의 정이나 인연을 알지 못하므로 그러한 존재가 있다고 생각하는 것만으로도 견딜 수 없다고까지 말했다. 아이를 어떻게 대해야 할지 알지 못하는 건 물론이고, 자신과 피를 나눈 존재가 이 세상에 존재한다는 데 혐오감 비슷한 감정마저 느꼈다. 실제로 그는 친자식을 두지 못했고 40대 중반에 사촌 형의 딸을 양녀로 삼았다. 이처럼 자신의 아이를 갖는 일에 두려움을 느끼는 것은 애착장애를 겪는 사람에게 자주 보이는 현상이다.

다자이 오사무는 한때 가정적인 생활을 한 적이 있었다. 전쟁 중 피난처에서 지낼 때 약물에서 벗어나 아내와 자식과 함께 안정된 생활을 영위했다. 하지만 전쟁이 끝나 도쿄에서 작가로서의 활동을 재개하자 그들과의 인연도 망각해갔던 것이다.

애착장애를 겪는 사람은 자녀와의 관계가 안정된 유대로 이어지기 어려우며 자신의 아이인데도 소원해지거나 서로 미워하는 관계가 되기도 한다. 반대로 자신을 돌봐주거나 상담 상대를 해주는 아이에게 의존해 고독을 달래려는 사람도 있다. 이러한 경우 아이는 부모에게 얽매여 자립하는 데 어려움을 겪는다.

헤밍웨이는 24세 때 첫 번째 아내와의 사이에서 아들 존을 얻었다. 하지만 헤밍웨이는 아이를 갖는 일에 강한 당혹감과 불안, 그리고 겁을 먹었으며 때로는 괴로운 마음을 주변에 하소연했다고 한다. 아이를 귀여워하거나 낚시에 데리고 가는 일도 있었지만 아이를 돌봐주려는 마음은 생기지 않았다. 기껏해야 휴가를 함께 즐기며 지내는 정도였던 것이다. 언제나 여행과 쾌락을 위해서 집을 비우던 헤밍웨이가 자유로운 생활을 유지하고자 하는 데에도 자녀 양육은 방해가 됐다. 아내와의 이혼 후 존은 그녀의 손에 맡겨졌다. 헤밍웨이는 일 년에 고작 한두 번 아들과 함께 휴가를 보낼 뿐이었지만 해들리가 재혼하면서 존이 헤밍웨이에게로 돌아오는 최악의 양육환경에 놓였다.

두 번째 아내와의 사이에서 태어난 차남 패트릭, 삼남 그레고리를 돌보는 일은 유모와 누이에게 맡기고 부부는 곳곳을 여행했다. 그의 아내도 자녀에겐 그다지 관심이 없었다. 결혼생활도 헤밍웨이의 바람으로 파탄이 났고 아들들은 부모 사이에 되풀이되는 심한 싸움을 목격했다. 결국 아들들의 양육권은 어머니가 얻었고 헤밍웨이는 아이들과 휴가만 함께 보내는 관계로 지냈다. 머지않아 젊은 세 번째 아내와 재혼은 헤밍웨이에겐 무난한 선택이었다. 표면상으론 포용력 있는 좋은 아버지를 연출하려고 한 헤밍웨이지만 실상은 무척이나 변변치 못한 최악의 아버지였던 것이다.

정체성 이론에서 폭넓은 분야에 영향을 미친 심리학자 에릭 H. 에릭슨Erik H. Erikson은 복잡한 성장과정을 거친 인물이었다. 어머니는 덴마크의 유복한 유대인 가정 출신이었지만 에릭슨은 부모의 불륜으로 태어난 탓에 친아버지가 누구인지 알지 못한 채 자라났다. 그는 어려서부터 늘 자신을 따라다니는 그림자 같은 걸 느끼고 있었고, 점차 어머니나 의붓아버지와의 사이에서 갈등도 심해졌다. 애착장애를 안고 있는 인물의 전형적인 과정을 걷게 된 것이다.

학교에서도 문제아가 됐고, 결국 대학에 진학하지 못하고 화가를 목표로 예술계 전문학교를 다니기도 했지만 미술적 재능에도 한계를 느꼈다. 그러던 중 가정교사의 일을 해보라는 권유를 받고 건너간 빈Vienna에서 지그문트 프로이트Sigmund Freud의 딸인 안나 프로이트Anna Freud를 만나게 되었다. 이는 곧 아동분석과의 첫 만남이었다. 가정교사 일은 정신분석을 받기 위해 미국에서 빈으로 와 있던 부호 일가의 아이들을 보살피는 일이었다.

훗날 에릭슨의 아내가 된 미국의 심리학자이자 무용가인 조앤 서슨Joan Serson 또한 애착장애를 안고 있었다. 두 살 때 어머니가 우울증에 걸려 할머니 손에 맡겨진 일이 시련의 시작이었다. 이후 어머니와의 사이는 원만하지 않았으며 아버지 또한 언니만 편애하고 그녀에겐 별로 관심이 없었다. 여덟 살 때 그러한 아버지마저 세상을 떠나 그녀는 부모에게 응석도 부려보지 못한 채 반항적으로 자랐다.

서슨은 교육학을 전공한 뒤 현대무용에 흥미를 느껴 두 가지 분야를 결합한 내용을 박사 논문의 주제로 삼았다. 그 연구를 위해 빈을 방문했고 안나 프로이트가 개설한 학교에 임시 일자리를 얻어 온 것이었다. 그곳에서 에릭슨과 알게 돼 두 사람은 순식간에 사랑에 빠져들었다. 그러다 어머니가 수술을 받게 되자 그녀는 갑작스럽게 필라델피아로 돌아갔다. 이때 자신의 몸에 중대한 변화가 생겼다는 사실을 알게 된다. 그녀는 임신했던 것이다.

다시 빈으로 돌아온 그녀에게서 임신 소식을 전해들은 에릭슨은 너무나도 당황했다. 영속적 관계를 맺는 것에 대한 불안에 사로잡혀 있던 그는 비유대인과의 결혼을 부모가 찬성할 리 없다는 핑계를 대면서 결혼을 회피하려 했다. 하지만 아버지 없이 자라면서 자신이 겪었던 일을 자식이 똑같이 경험하게 해선 안 된다는 친구의 설득에 결국은 그녀와 결혼해서 아버지가 되기로 마음먹었다.

결혼하고 나서 에릭슨은 가사에 무관심했지만 그의 아내는 훨씬 자립심이 강한 여성이었다. 그녀는 에릭슨의 인생에 확실한 질서와 큰 틀을 만들어줘 독자적인 길을 걸을 수 있도록 뒷받침해줬다. 가정에서는 '말썽쟁이', '문제아' 취급밖에 받지 못했던 두 사람이었지만 이상적인 가정을 구축하게 되었다.

'나는 나 자신이다'라는 사실에 위화감이 있으면
어떠한 사회적 역할도 제대로 해낼 수 없다.

어릿광대를
연기하다

애착장애가 있으면 정체성에 문제가 생기기 쉽다. 애착은 안정감을 이루는 토대이므로 애착에 상처를 입으면 정체성에 확신을 갖기 어려워진다.

정체성에는 집단의 일원으로서 정체성, 성 정체성, 그리고 자신이라는 존재로서의 정체성 등 여러 가지가 있다. 애착장애를 겪게 되면 이들 다양한 차원의 정체성에 문제가 생기기 쉽다고 알려져 있다. '나는 나 자신이다'라는 사실에 위화감이 있으면 자신이 어떠한 사회적 역할을 담당하든 무리하고 있다는 의식을 갖기 쉽다. 그 결과 어떤 역할을 진심으로 다하지 않고 '연기하고 있다'

는 인식을 갖는 경향이 있다.

불안정한 애착 유형의 사람은 자주 익살꾼이나 촐랑이 또는 어릿광대를 연기함으로써 주변에서 '재미있는 사람' 또는 '즐거운 사람'으로 인정받고 싶어한다. 이러한 경향은 어린 시절에 강하게 나타나는데 사춘기에는 점차 줄어 그다지 눈에 띄지 않는 사람이 있는 반면, 일생동안 그러한 성향이 남아 있는 사람도 있다. 다른 사람을 즐겁게 하려는 서비스 정신은 주변에서 인기와 호감을 얻는 데 큰 도움이 되기도 한다.

어릿광대를 연기하는 사람은 자기비하적인 성향이 강하며 그 밑바탕엔 자기부정의 심리가 깔려 있다. 자신을 하찮게 다룸으로써 상대가 방심하게 하려는 것이다. 그것도 다른 사람에 대한 일종의 아부지만, 그렇게 하지 않곤 살아갈 수 없었던 어린 시절의 처지가 반영돼 있다. 다자이 오사무의 《인간실격》에는 이러한 심리가 잘 그려져 있다.

그때 생각해낸 것이 어릿광대 노릇이었습니다. 그것은 인간에 대한 나의 마지막 구애였습니다. 나는 인간을 너무나 두려워하면서도 아무래도 인간을 단념할 수 없었던 것 같습니다. 이렇게 해서 나는 어릿광대 노릇이라는 끈 하나로 간신히 인간과 이어질 수 있었던 것입니다. 겉으론 항상 웃으면서도 속으론 필사적인, 그야말로 천 번에

한 번 될까 말까 한 위기일발의, 진땀나는 서비스였습니다.

한편 신랄하고 냉소적인 독설이나 썰렁한 유머를 내보이는 사람도 있다. 얼핏 비상식적이라 생각할 수 있는 태도인데도 주변 사람들은 오히려 호감을 갖는다. 하지만 때론 상식적인 사람과 바로 정면에서 대립하는 일도 있다. 이 두 유형에게 공통되는 것은 인생이나 세상에 대해서 제3자처럼 관여하고 있다는 점이다.

자신에 대한 위화감은 이 밖에도 여러 가지 방법으로 나타난다. 자신의 욕망이나 기쁨, 만족감이라는 감정을 깨닫지 못하는 감정표현 불능증alexithymia도 그중 하나이다. 다자이 오사무는 초등학생 때부터 이 감정표현 불능증으로 고생했던 것 같다. 한 예로, 다자이는 《인간실격》에서 주인공을 통해 이렇게 말한다.

나는 배가 고프다는 감각이 어떤 것인지 전혀 느끼지 못했습니다. 이상하게 들리겠지만, 배가 텅 비어 있어도 내가 그것을 깨닫지 못하는 겁니다.

이러한 일이 일어나는 것은, 안전기지를 갖지 못하고 자신의 욕구나 감각보다도 마음 써야 할 주위 사람들에게 온 신경을 주시하기 때문이다. 그래서 배를 채운다는 본능적인 기쁨에조차 마음을 쏟을 수 없는 것이다. 감정표현 불능증은 타인과 기쁨이나 슬픔을 공유하기 어렵다는 뜻이기도 하다. 공감하고 싶어도, 자신이 실제로 느끼지 못하므로 공감할 수가 없다. 불안정하고 불확실한 감정 속에서 애착장애를 가진 사람이 할 수 있는 일은 연기를 함으로써 휑하니 비어 있는 틈을 메우는 것 뿐이다.

연기와 밀접하게 관련돼 나타나기 쉬운 행동은 바로 거짓말이다. 이는 주변 사람을 자신의 생각대로 제어하려는 의미도 있지만 거짓 이야기로 자신이라는 존재의 미미함을 보완하려는 의미도 있다. 거짓말로 꾸밈으로써 어른을 난처하게 하거나 시선을 끌뿐 아니라 자신이 원하는 존재, 또는 상대의 마음에 드는 존재가 되려는 것이다. 행복한 아이인 척 연기한 빌 클린턴, 교사의 마음에 들기 위해 작문에 거짓말을 늘어놓은 다자이 오사무. 그들은 거짓말을 함으로써 내면적인 결함을 메우려 했던 것이다.

비행을 부르는
애착의 상처

애착장애를 가진 아이는 어릴 때부터 반항이나 장난의 문제를 자주 드러낸다. 물건을 훔치거나 부수기도 하고 약한 존재를 괴롭히는 일도 많다. 그 대부분은 마음속에 머물고 있는 외로움이나 분노를 표현하는 행동이며 부모나 양육자가 애정과 관심을 쏟고 주의함으로써 수습되는 경우도 많다. 하지만 엄격하게 꾸짖거나 체벌을 가하면 아이는 점점 더 외로움과 분노가 심해져 더욱 나쁜 짓을 하게 된다.

어릴 때는 아무 문제가 없었는데 사춘기에 들어설 무렵부터 도벽 같은 비행이나 반항적 태도를 보이는 아이도 있다. 이러한 경우는 줄곧 '착한 아이'로서 행동해왔지만 점점 마음의 균형을 잃고 그것이 행동으로 바뀌어 표면화되는 것이다. 이 문제의 밑바탕에 깔려 있는 것 역시 애착의 상처다. 실제로 비행을 저지르는 소년 소녀의 대부분은 애착장애를 안고 있다.

오늘날에도 교육서의 고전으로 통하는 《에밀》을 훗날 저술한 루소는, 도벽이 있었다는 사실을 스스로 《고백록》에서 밝혔다. 태어난 직후 어머니를 잃은 루소에게 더욱 큰 불행이 찾아온다. 아버지가 싸움에 휘말려 체포를 피하려고 제네바Geneva를 떠나게 된 것이다. 그래서 루소는 숙부에게 맡겨졌고, 숙부는 또다시 루소를 자신의 아들과 함께 보세이Bossey라는 마을의 목사에게 보낸다. 이곳에서 루소는 랑베르시에Lambercier 목사와 그의 여동생 랑베르시에 부인에게 훌륭한 교육과 지도를 받게 된다.

보세이에서의 생활은 순조로운 듯이 보였다. 하지만 어느 날 누군가 랑베르시에 부인의 빗을 부러뜨린 사건이 발생했고 루소가 의심을 받았다. 평소에도 장난을 좋아하는 루소를 너그러이 보고 있던 랑베르시에 남매도 이 행동은 용서할 수 없었다. 루소는 혐의를 완강히 부인했지만 목사 남매의 심증은 완전히 굳어졌다. 목사는 숙부에게 알렸고 한걸음에 달려온 숙부는 체벌을 가하며 자백시키려 했지만 그래도 루소는 한사코 결백을 주장했다.

이 사건 이후로 루소의 장난과 악행은 더욱 심해졌고 랑베르시에 남매는 루소에게 정을 떼게 되었다. 결국 루소는 사촌 형과 함께 숙부에게 돌려보내졌다. 그때부터 루소의 인생은 방황의 길로 들어섰다. 견습생 일을 하기도 했지만 어떤 일이든 성실한 자세로 일하지 않았고 고용주에게 야단을 맞으면 반항적인 태도를 보이는 바람에 어느 곳에서도 오래 일하지 못했다. 그러면서 절도와 거짓말의 나쁜 행동은 상습화돼 갔다. 마침내 루소는 열여섯 살 때 제네바의 마을을 뛰쳐나왔다. 이곳저곳을 옮겨다니는 생활의 시작이었고 일자리도 돈도 연줄도 없이 부랑자 신세로 전락한 것이다.

다만 루소의 장점은 어릴 때부터 문자에 대한 기억력이 좋고 목사 집에서 받은 교육의 성과도 있어 나름대로 교양을 몸에 익혔다는 점과, 전혀 모르는 사람에게도 붙임성이 좋아 금세 상대의 마음에 드는 기술을 터득했다는 점이다. 특히 루소는 연상의 여성에게 어리광부리는 것이 특기였다. 어머니 대신의 존재를 끊임없이 추구하는 동안 알게 모르게 루소의 몸에 밴 능력이었음이 틀림없다.

청소년기에 조금 문제가 보여도 부모나 친구, 연인과의 관계에서 애착의 상처가 어느 정도 회복되면 성인이 될 즈음엔 안정되는 경우도 많다. 하지만 적절한 준비가 되지 않은 채로 사회에서 좌절감이나 소외감이 깊어지면 성인이 되어도 반사회적 경향이 강하게 남기도 한다.

애착장애를 가진 사람에게 나타나기 쉬운 대표적 범죄 행위는 들치기나 도둑질이다. 루소에게 도벽이 있었다는 것은, 아이에게서 나타나는 도둑질이 단순히 야단치거나 벌을 준다고 해서 끝날 문제가 아니라는 사실을 말해준다. 어떤 의미에서 루소는 아이의 그러한 심리를 직접 몸으로 경험했기에 뛰어난 교육 사상을 창출해낼 수 있었을 것이다.

도둑질은 애정을 받지 못한 데 대한 앙갚음으로 나타나기도 한다. 더욱이 거부당했다는 비뚤어진 마음이 강해지면 좋지 못한 환경에 처해 있는 자신의 당연한 권리로 여기거나, 또는 반항의 증거로서 다른 사람의 물건을 훔치게 된다.

마르셀 프루스트Marcel Proust, 루이 페르디낭 셀린Louis Ferdinand Celine과 더불어 20세기 프랑스 문학을 대표하는 작가로서 높은 평가를 받는 장 주네Jean Genet는 화려하고 다채로운 문체를 구사하여 《꽃의 노트르담》과 《도둑일기》 등의 걸작을 연속해서 세상에 내놓았다. 이때 부주제로 삼은 것은 도벽과 동성애로, 그 자신의 인생이 반영돼 있다. 장 주네는 애착장애를 언급할 때 빼놓을 수 없는 존재다. 그의 삶은 애착장애의 위험을 극단적인 형태로 증상화해 드러내는 동시에 그것을 극복하는 과정을 보여준다.

장 주네는 1910년 파리에서 태어났다. 미혼인 어머니는 7개월 후 자신의 아이를 파리 빈민구제원의 유기창구로 데리고 가서 버렸다. 태어나서부터 반 년 남짓, 어머니는 아이를 자신의 손으로 키우려 했지만 한계에 부딪쳤던 것이다. 7개월이라도 어머니와 함께 지냈던 일은 행운이었을까. 다음 날 주네는 파리에서 250킬로미터나 떨어진 아동위탁사무소로 옮겨졌고 곧바로 수양부모가 결정됐다. 그리고 알리니라는 작은 마을에서 가구 장인으로 일하는 레니에 가에 맡겨졌다.

프랑스에선 당시부터 수양부모 제도가 갖춰져 있어 부모가 없는 아이는 지방의 마을에 사는 수양부모의 손에서 자라게 된다. 알리니라는 마을은 그중에서도 특히 양자를 키우는 데 열심인 지역이었다. 국가에서 보조금을 지원받을 수 있고 노동력에도 도움이 되기 때문이었다. 가난한 농가에 맡겨진 경우엔 하루 종일 농사일에 동원되기도 했다.

그 점에서 주네는 행운아였다고 할 수 있다. 레니에 씨는 말수가 적고 마음씨 착한 성격이었으며, 또한 가구 장인으로서도 평가가 높아 방이 여러 개 있는 큰 집에 살고 있었다. 레니에 부인도 상냥하고 모성적 인물로 오히려 주네의 응석을 받아주고 친자식처럼 키웠다.

레니에 가에 왔을 때 7개월이 된 주네는 몸이 무척 작았다. 어머니는 생활이 궁핍해 자식에게 충분한 영양도 공급해주지 못하고 제대로 돌보지 못했던 것이다. 일주일 정도는 매일 밤 울었지만 금세 그 집 생활에 익숙해졌다. 6개월에서 일 년 반 사이가 애착 형성의 임계기라는 사실을 생각하면, 주네는 레니에 부부와의 사이에 친아들과 다름없는 애착의 끈을 어느 정도 맺을 수 있었다고 할 수 있다.

다만 충분히 애착의 끈을 맺지 못했던 데는 몇 가지 이유가 있었다. 가장 큰 이유는 어릴 때부터 양자로서 키워졌고, 이미 성인이 된 레니에 부부의 친자식과 함께 지냈다는 점이다. 딸인 벨트는 주네에게 친절했지만 아들인 조르쥬는 주네를 귀찮게 여겼고 주네도 이 청년을 경쟁자로 느껴 싫어했다.

또한 어린 주네를 돌본 사람이 양어머니만이 아니라 딸인 벨트와 또 한 사람의 양자로 들어와 있던 루시라는 열 살짜리 여자아이였다는 사정도 하나의 이유였다. 레니에 가로 와서 처음 일 년 동안 주네는 루시의 방에서 지냈으며 루시가 주네를 돌보는 일도 많았다. 그렇다고 해도 주네가 당시 양자로서 바랄 수 있는 최고의 대우를 받았다는 사실은 의심할 여지가 없다. 같은 마을에는 주네 말고도 양자로 온 아이들이 많았는데 주네를 회상하면 누구든지 입을 모아 그의 환경이 매우 좋았다 증언하고 있다.

주네는 당시로선 값비싸고 아름다운 삽화가 들어간 책을 갖고 있었다고 한다. 이는 다른 양자들에겐 꿈도 꿀 수 없는 사치였다. 에드먼드 화이트Edmund White가 쓴 《장 주네 전》엔 이런 내용이 나온다.

그는 정말로 멋진 어린 시절을 보냈다. (중략) 그는 자신이 하고 싶은 일을 했으며 누구도 그것에 대해 불평을 말하지 않았다. 집에서 그는 어린 왕이었다.

학교의 교사들도 장 주네를 귀여워했다. 다른 아이들처럼 잡다한 일을 시키는 일도 거의 없었다. 윤택한 환경에서 그는 독서에 열중할 수 있었다. 동급생의 이야기로는 주네가 학교 도서실에 있는 책을 모두 읽었다고 한다. 작문도 반에서 가장 잘했고 1등의 성적으로 초등교육 수료증을 받았다. 그 후 교육다운 교육을 받지 못했는데도 격조 높고 멋진 문장을 쓰는 능력의 기초를 몸에 익힌 데엔 이러한 환경이 도움이 됐던 것이다.

하지만 그 무렵 그의 정체성 중 하나라고도 할 수 있는 도벽이 드러나기 시작했다. 주네의 도벽은 처음에 애정부족을 달래려는 사소한 계기에서 시작됐지만, 이는 점차 그의 마음속에 있는 반항심과 이어져 부정적인 정체성이 돼가고 있었다.

그가 절도를 자주 저지른 시기는 10세부터 12세쯤으로 추정된다. 도둑질한 대상은 양어머니와 그의 딸 벨트 그리고 학교였다. 이 시기는 제1차 세계대전이 끝나 병사들이 귀향하던 시기이기도 했다. 양아버지와 조르쥬도 전쟁터에서 귀환했다. 이때까지 일가의 애정을 독점하고 있던 그로선 방해자들이 돌아와 자신에게 향한 애정과 관심을 빼앗았다고 느꼈다. 그는 빼앗긴 애정의 보상으로 또는 자신에게 주의를 끌기 위해 도둑질을 한 것이다.

사춘기가 되어 자아를 자각하기 시작한 일도 그 나쁜 행로에 박차를 가했을 것이다. 점점 더 반항적인 성향이 심해진 그는 친구에게 이렇게 역설했다고 한다. "이곳엔 보호시설의 아이를 하인처럼 부리며 일을 시키는 놈들이 많단 말이야. 기회가 되면 그들 물건을 훔쳐야 돼." 또는 이렇게도 말했다고 한다. "나는 무슨 일이 있어도 사람들에게 절대로 착취당하지 않을 거야."

주네의 도둑질에 대해 양부모는 관대했다. 다른 사람들이 그의 잘못된 행동을 알려주려 해도 양어머니는 이야기를 들으려 하지 않았다고 한다. 양어머니도 모르는 것은 아니었지만 그녀는 주네의 마음속에 자리 잡은 외로움을 잘 알고 있었는지도 모른다.

하지만 그렇게 다정하던 양어머니는 그가 열한 살 때 세상을 떠나고 말았다. 그의 행복한 나날도 그녀의 죽음과 함께 마지막을 고한 것이다. 양부모를 대신해 딸 벨트 부부가 양부모가 됐지만 술꾼인 남편은 주네에게 농사와 잡일을 시키려 했다. 그는 완강히 저항했다. 그는 이 년간 더 그 집에서 머물렀는데 그사이 그의 반항적인 태도는 점점 더 심해졌다.

주네는 양어머니에 관해 모든 작품 속에 한마디도 언급하지 않았다. 하지만 양부모 일가나 친구에 대해서 또는 세상을 향해선 부정적인 말들을 쏟아냈다. 《장 주네 전》엔 이런 내용이 있다.

> 어릴 때 집에 있는 자가 개를 때리는 채찍으로 나를 때렸다. 또한 식사 때 그는 트집을 잡으려고 내게 더 먹지 않겠느냐 물어보고는 내가 더 달라 하면 밥을 주는 대신 걸신이 들렸다면서 조롱했다.

하지만 실제론 앞서 이야기했듯이, 그는 양자로서 각별히 귀한 대우를 받았으며 그 자신도 《도둑일기》의 초고에선 양부모를 '매우 훌륭한 분들'이라고 썼다. 다른 사람을 헐뜯기만 하고 좀처럼 칭찬하는 일이 없었던 그로선 이례적인 일이었다. 하지만 그 부분은 결국 삭제됐다.

애착장애를 가진 사람에겐 부정적인 평가의 일반화 성향이 자주 나타난다. 아무리 애정을 쏟고 시간과 수고를 들여 돌봐줘도, 좋았던 일은 싹 잊어버리고 예외적인 일에 지나지 않는 상처받은 체험이 모든 걸 덮어버린 것처럼 여긴다.

주네는 양부모의 집을 떠난 후, 몇 번이나 안정할 기회가 있었는데도 도둑질이나 방랑을 반복하며 감화원感化院과 형무소를 드나들었다. 그러고는 그곳에서 더욱더 악행에 물들어가는 전락한 인생을 걸었다.

그는 훔친 책을 팔아 생활하게 되었다. 사실은 그렇다기보다는 언제부터인가 책밖에 훔치지 않게 되었다. 심지어는 '걸작밖에 훔치지 않았다'고 큰소리쳤다. 형무소에서 쓴 글이 시인 장 콕토Jean Cocteau에게 극찬을 받아 세상에 화제를 뿌리게 됐지만, 일약 유명인이 되고 나서도 그는 그러한 악행과 깨끗이 연을 끊진 못했다.

주네의 진짜 기적은 그가 작가로서 성공한 일보다 도둑으로서 인생을 마치지 않았다는 사실이다. 형무소와 마지막으로 연이 끊긴 것은 33세 때였다. 열세 번이나 절도로 유죄 판결을 받은 남자는 그 후 두 번 다시 같은 죄로 기소되지 않았다. 그는 도둑 이외의 새로운 정체성을 손에 넣은 것이다.

그는 소설가에서 출발하여 베트남 반전과 팔레스타인 문제, 흑인 문제 등 항상 마이너리티의 입장에 서는 정치 활동에 몸을 던졌다. '착취하는 족속들 물건을 훔치지 않으면 안 된다'고 말하던 소년이 끝내 사회와 타협한 것이다.

애착의 상처는 마음의 균형을 점점 잃게 만든다.

부재로 인한 그리움은
방랑을 부른다

애착장애를 가진 사람들 중엔 가출이나 방랑을 반복하는 사람이 있다. 잦은 이사와 여행도 이와 관계가 있을 수 있다. 성인이 된 후 가출을 한다거나 은거하는 경우도 있다. 실제로 가출 또는 은거하는 사람 중엔 애착장애를 안고 있는 사람이 많다. 그 대표적인 예가 바로 석가모니다.

마치 루소의 어머니가 그랬던 것처럼 석가의 어머니도 그를 낳은 직후에 세상을 떠났다. 석가는 자아에 눈을 뜨고 자신의 출생에 대해 생각하는 청소년기부터 근심스러운 생각에 잠기게 된다. 그 근심 걱정을 걷어낼 수 있기를 바라는 마음에, 왕인 아버지는 석가에게 아내를 맞게 하여 아이도 생겼지만 석가의 마음속 번뇌를 없앨 순 없었다. 석가는 마침내 출가하여 왕자의 지위도 처자식도 버리고 방랑의 길을 떠나고 만다.

그 밑바탕엔 어머니와 애착의 끈을 맺지 못한 채 살아가는 일에 위화감을 느끼며 성장한 경험이 자리하지 않았을까. 어린 시절엔 얼마간의 위화감이나 편치 않은 기분을 느끼더라도 주위 어른들의 보호에 의지하며 살아갈 수밖에 없지만, 청년으로 성장해 자신의 생각이 확고해지고 행동력도 커지면 이제는 그 장소에 머물 수 없게 된다. 이곳은 자신이 있을 장소가 아니라고 느끼기 시작해서 막연한 구원을 추구하며 자신을 얽매고 있는 현실에서 탈출하려 한다. 자신을 받아들이고 치유해주는 존재를 찾으려 한다. 그것은 큰 의미에서 어머니 같은 존재라 말할 수 있다.

애착장애를 가진 사람은 성적인 문제를 동반하기 쉽다. 성애역시 애착을 토대로 발달한다. 애착장애는 대인관계에 영향을 끼치는 것과 마찬가지로 성애에도 다양한 형태로 영향을 미친다.

성적인 문제를 동반하기 쉬운 이유는 다른 데도 있다. 애착장애가 생기는 환경 중 하나로, 엄마가 임신 중일 때부터 편안한 상황에서 지내지 못한 경우를 들 수 있다. 스트레스에 의해 임신 중 호르몬 환경이 태아의 성장에 악영향을 미칠 위험이 크기 때문이다. 이를테면 남자아이를 임신한 동안 어머니가 강한 스트레스를 받거나 어떤 종류의 약물을 복용하면 태아의 고환에서 분비되는 남성호르몬 양이 줄어든다. 이는 성동일성 장애(생물학적으론 완전히 정상이지만 인격적으론 자기가 반대 성에 속한다고 생각하는 증상_역주)나 동성애 성향을 만드는 요인이기도 하다.

또한 애착장애를 지닌 아이 중에는 어릴 때부터 혼란한 성적 자극을 받은 경우도 많다. 모성적 애정에 대한 동경과 성애의 혼란을 보이기도 하고 남녀의 역할에 대한 도착이 나타나기도 한다.

유복하게 자라나 얼핏 성애의 문제와는 관련이 없을 것으로 보이는 사람에게도 의외의 흔적이 드러나는 일도 많다. 엄격하고 성실한 모습 그 자체로 보이는 나쓰메 소세키에게 여장을 하는 버릇이 있었다는 사실은 아내 교코鏡子의 말을 기록한 《소세키의 추억》을 통해 알려졌다. 이 글에는 양아버지의 애인이나 그 딸과 같이 지냈던 일고여덟 살 무렵 체험한 흔적이 남아 있는 듯하다. 나쓰메 소세키는 아름다운 여성용 기모노 입기를 좋아해 아내가 벗어놓은 기모노를 옷 위에 걸쳐 입은 후에 옷자락 끝을 잡고 여성스러운 자태로 방 안을 돌아다녔다고 한다.

루소에게도 성도착적인 취미가 있었다. 마조히즘masochism 성향과 노출증이었는데, 그는 여성에게서 일부러 가학을 당하고 용서를 구하는 일에 성적 쾌락을 느꼈다고 한다. 또한 자신의 성기를 젊은 여성들에게 보여 놀라게 하곤 재밌어 하기까지 했다. 한번은 그 자리에서 체포돼 관청에 넘겨질 뻔했는데 자신은 '머리가 이상한 귀족의 자제'라고 거짓말을 해 가까스로 위기를 모면했다고 한다.

루소의 이러한 성벽은 앞서 말한 랑베르시에 목사에게 맡겨졌을 당시의 체험에서 비롯됐다. 그곳에는 랑베르시에의 동생인 묘령의 여성이 있었는데 루소는 이 여성에게 어머니를 대하듯 어리광을 부리는 동시에 아련한 연모의 정을 느끼기도 했다. 어느 날 장난을 친 루소는 랑베르시에 부인에게 벌로 엉덩이를 맞았다. 그때 루소가 느낀 고통과 쾌락이 뒤섞인 감각이 그의 성애적 기호를 결정했던 것이다. 그는 《고백록》에 이렇게 기술했다.

> 짐짓 정숙한 체하는 애인의 무릎 아래서 그녀의 명령에 복종하고 무엇이든 용서를 비는 일, 이것은 내게 무척이나 기분 좋은 즐거움이었다. 그래서 격렬한 상상이 나의 피를 끓어오르게 하면 할수록 움츠러드는 연인과 같은 모습을 하곤 했다.

엄마가 아이에게 냉담하거나 학대를 가하는 경우, 아이는 여성에게 강한 적의를 품게 되며 매우 왜곡된 형태로밖에 여성을 사랑하지 못하게 되기도 한다. 전형적인 예가 사디즘sadism이며, 어린아이에게만 관심을 보이는 유아성애도 지배하고 조종하겠다는 욕망에선 같은 성향을 보인다. 다만, 유아성애의 경우는 성숙한 여성에 대한 혐오를 동반하는 일도 많다. 이러한 성적 도착증의 배경엔 거의 예외 없이 애착장애가 도사리고 있다.

《바보의 사랑》, 《만》, 《순킨쇼》 등 기괴한 형태의 사랑을 좋아해 그것을 소설의 모티브로 삼은 심미파 작가 다니자키 준이치로도 특이한 애착장애를 안고 있었다. 그는 여성과의 관계에서 이상하리만치 집착이 강한 면과 매우 현실적이고 다정한 면을 지니고 있었다. 또한 자신의 미의식을 중요하게 여기면서도 상대의 마음에는 상당히 무신경하고 공감성이 부족해 마치 인형이나 사물을 다루는 듯한 시각이 강했다.

이러한 성향은 그의 작품 《바보의 사랑》에도 뚜렷하게 나타난다. 주인공인 가와이가 나오미라는 소녀를 자신의 이상적인 여성에 맞추려고 손수 보살피며 한 사람의 여성으로 키웠지만, 가와이는 오히려 나오미의 농락에 빠져들어간다. 그가 그린 세계에선 서로 주고받는 사랑보다도 일방적인 헌신이나 마조히즘적 희생이 사랑의 본질이 된다. 《순킨쇼》나 《시게모토 소장의 어머니》에서도 이러한 특성이 두드러진다.

이처럼 상호간의 성이 결여된 사랑의 세계를 이루는 근본에는 대체로, 애착 유형의 토대가 되는 어머니와의 관계가 연관돼 있다.

다니자키 준이치로의 어머니 세키는 귀하게 자란 아가씨로 무척 아름다웠다. 그의 아버지 구라고로倉五郎는 양자로 다니자키 가에 들어왔다. 세키는 자식에게 그다지 관심이 없고 양육을 성가시게 여겼기 때문에 집이 유복했는데도 다니자키의 동생들을 대부분 양자로 내보냈다. 신경질적이고 결벽성 있는 성격 탓에 더욱 아이를 싫어했을 것이다.

장남이었던 다니자키는 형제 중에서 가장 귀여움을 받았다곤 하지만 그를 돌봐준 사람은 주로 유모 미요였다. 응석받이로 자란 그에겐 발달이나 애착 문제를 떠오르게 할 만한 일화가 몇 개 남아 있다. 하나는 그가 초등학교에 적응하는 데 무척 고생했던 일이다. 입학식에서 미요의 모습이 보이지 않자 패닉 상태가 되어 울면서 학교에서 뛰쳐나왔다. 학교에 다니기 시작하고부터도 통학을 싫어해 2학기부터 다니기 시작했다. 그래도 익숙해지지 못해 계속 학교를 쉬었기 때문에 결국 1학년을 낙제하고 말았다. 그 후 공부의 재미에 눈을 뜨고 '신동' 소리를 듣게 되었지만 운동만은 도무지 잘하지 못했다고 한다.

다니자키가 유년기에 보인 특징은 응석을 부리며 과보호로 자라난 동시에 중요한 어머니의 애정이 결핍된 데서 비롯된 불균형으로 요약할 수 있다. 이는 소설가 미시마 유키오三島由紀夫의 성장 환경과도 공통되는 점이 있다. 미시마가 다니자키의 문학을 높이 평가한 사실을 돌이켜볼 때 흥미로운 사실이라 할 수 있다.

애착장애를 안고 있는 사람은 자주 부모를 대신할 존재를 찾는다. 훨씬 연상의 이성이 연인이나 배우자가 되는 일도 드물지 않다. 반대로 나이차가 많은 연하의 이성에게 부모와 같이 행동함으로써 자신이 원했던 존재가 되려 하는 경우도 있다.

후자의 경우는 성숙한 이성과는 대등한 관계를 맺기가 어렵기 때문에 자신이 우위의 입장에 설 수 있는, 훨씬 연하의 이성을 애정의 대상으로 선택하는 것이다. 남성인 경우엔 성숙한 여성을 기피하려는 심리도 있다. 어머니와의 관계가 불안정하고 어머니에 대한 증오나 과도한 이상화가 있으면 성숙한 여성과의 평범한 연애나 애정을 동반한 육체관계가 버거운 것이다.

희극왕 찰리 채플린Charles Chaplin은 나이 차이가 많이 나는 연하의 여성을 좋아하기로 유명했다. 소위 롤리타 취향이라 할 수 있는데, 미성숙한 소녀에 대해 집착을 보이는 롤리타 콤플렉스Lolita syndrome에도 또한 애착장애가 내재돼 있다.

채플린의 어머니는 뮤직홀의 여배우로, 장남인 시드니와 채플린을 낳고 나서도 계속 무대에 올라 일을 했다. 어머니가 없는 동안엔 가정부가 형제를 돌봐줬다. 아버지도 배우였는데 나쁜 술버릇이 원인이 되어 부모는 채플린이 한 살 때 이혼했다.

어머니에겐 두 아들을 충분히 양육할 만큼의 수입이 있었지만 생각지도 못했던 이변이 생겼다. 어머니가 목소리를 잃게 된 것이다. 여배우로서 활동할 수 없게 된 어머니는 바느질을 해서 가계를 꾸리려 했지만 실의에 빠진 데다 육체적으로도 지쳐 있어서 심신의 건강은 점점 더 나빠졌다. 채플린이 열두 살 때 어머니는 정신에 확연한 이상이 나타나 입원했고, 이후 요양생활을 반복하게 되었다.

채플린이 애착불안이 강한 불안정한 애착 유형을 갖게 된 것은 젖먹이 때부터 어머니가 바빴던 데다가 이후로도 줄곧 불안정한 어머니를 보며 자랐기 때문이다. 따라서 어머니가 기력을 잃고 그의 세계에서 사라진 경험은 결정적으로 애착불안을 갖게 한 동시에, 어머니와 함께했던 어린 날에 대한 집착을 초래했다. 채플린의 롤리타 콤플렉스는 비련으로 끝난 첫사랑의 모습을 좇았다고도 하지만, 그 뿌리는 훨씬 더 이전에 생겼다고 볼 수 있다.

하지만 또 하나 잊어선 안 되는 사람은 아버지다. 채플린의 인생에서 빠져 있던 아버지란 존재는 그 부재로 인해 그리움이 됐고 그의 인생을 조종하고 있었다고도 생각할 수 있다. 훨씬 연하의 여성을 아내로 맞은 일은 아버지를 그리워하는 바람을, 반대로 자신이 아버지 같은 존재로 행동함으로써 보상받고자 함이었다. 마찬가지로 아버지의 부재라는 마음의 빈틈을 갖고 있던 우나 오닐과의 결혼이 36세의 나이차를 초월해 좀처럼 보기 힘든 행복한 생활이 된 것은, 틀림없이 이러한 그의 과거에서 기인한 결말로 보인다.

상처 입은
자기애의 심리

위대한 인물 중에는 애착장애를 안고 있었던 사람이 많다. 태어나자마자 어머니를 잃은 석가모니와, 태어나기 전 아버지를 잃고 어릴 때 어머니마저 여읜 이슬람교 창시자 무함마드를 비롯한 종교적 지도자 그리고 정치가나 문호, 예술가, 사상가, 사회 활동가, 혁명가 등 일일이 열거하기가 어려울 정도다. 어떻게 그들은 숱한 고난을 겪으면서도 보통 사람은 이룰 수 없는 위대한 업적을 남길 수 있었을까. 어떻게 고결한 이상을 실현하고 그 누구도 흉내낼 수 없는 작품을 세상에 내놓을 수 있었을까.

이러한 점과 깊이 관련돼 있다고 알려진 것이 바로 자기과대증이다. 자기과대증은 어린 시절 나타나는 자기애의 한 가지 형태다. 자신을 신처럼 위대한 존재라 믿고, 무슨 일이든 할 수 있다는 자신감과 생각대로 되지 않을 때 나타나는 격한 분노, 즉 자기애적 분노를 특징으로 한다.

자기애의 심리학을 확립한 오스트리아 정신분석학자 하인즈 코헛Heinz Kohut에 따르면, 사람은 자기과대증의 소망이 적당히 이뤄지고, 또 적당히 좌절을 맛봄으로써 더욱 균형 있는 단계로 성숙해나간다고 한다. 하지만 어떤 이유로 급격히 좌절을 겪으면 자기과대증의 단계에 계속 머무르게 된다. 그것은 틀림없이 애착장애에서 일어나는 일이다.

보통 사람은 성장하면서 자신의 한계를 깨닫고 현실과 타협하게 된다. 그렇지만 애착장애를 가진 사람에게 자기과대증이 남아 있다면 그는 자기과대증의 욕구를 현실과는 무관하게 계속 팽창시킴으로써 상처 입은 자기애를 보호하려 한다. 물론 그 욕구가 큰 이상을 실현하고 역경을 물리치는 원동력이 되는 측면도 있다. 하지만 양날의 칼이 되기도 한다. 큰 욕망을 품고 자신을 특별한 존재로 간주하는 일은 아무도 이룰 수 없는 위대한 업적을 달성하는 데 도움이 되기도 하지만, 반면에 냉엄한 현실을 필요 이상으로 힘들게 느껴 사회에 적응하기 어려워질 수도 있다.

일본 총리와 재무 대신을 역임하고 2.26 사건(1936년 2월 26일 일본 육군의 황도파 청년장교들이 1,483명의 병력을 이끌고 일으킨 반란 사건_역주) 때 흉탄에 쓰러진 정치가 다카하시 고레키요高橋是清는 파란만장한 일생을 보냈다. 그도 애착장애를 겪은 인물이었다.

태어나자마자 양자로 보내져 양부모 밑에서 자라난 그는 어릴 때부터 몇 번이나 죽을 고비를 넘겼다. 말에 밟혀 자칫하면 죽을 뻔했으나 기적적으로 살아난 일도 있다. '이 아이는 운이 좋은 아이다'라고 누군가가 말하는 걸 듣고 그는 자신의 운이 좋다는 신념을 지니게 됐다고 한다. 그는 장난도 매우 심했다. 요코하마橫浜에 있는 외국 상인의 영업소에서 일할 때 주인이 먹는 소고기전골에 몰래 소변을 본 게 들통난 일이 있을 정도다.

당초 외국에 나가고 싶어 그곳에 취직했던 그는 이 일로 갈 수 없게 되자 온갖 수단과 방법을 써서 마침내 상선에 올랐다. 하지만 도착지인 샌프란시스코에서 노예로 팔려가는 쓰라린 체험을 하게 된다. 그러한 힘든 고비를 용케도 극복할 수 있었던 데는 그의 내면에 있는 낙천적인 자신감이 뒷받침됐을 것이다. 하지만 무모하고 잘 속는 성격은 쉽사리 고쳐지지 않아 터무니없는 사기꾼에게 걸려 큰돈을 날리는 등 굴곡이 심한 삶을 살았다.

애착장애를 가진 사람은 자신을 신처럼 위대한 존재라 믿는
자기과대중의 특징이 있다.

창조의
꽃을 피우다

애착장애에 관한 사례를 찾다 보면 작가들 중에 애착장애를 가진 사람이 유독 많다는 사실을 금세 깨닫게 된다. 나쓰메 소세키, 다니자키 준이치로, 가와바타 야스나리, 다자이 오사무, 미시마 유키오라는 일본문학을 대표하는 작가들이 한결같이 애착 문제를 안고 있었다는 사실은 놀랄 만하다.

문학 외에도 예술 분야에서 이름을 떨친 이들 중에 애착장애를 안고 있었던 인물이 매우 많다. 어떤 의미에선 애착에서 오는 '결핍'을 마음속에 품고 있지 않았다면 창작이라는 행위에 매달려 인생의 대부분을 허비하진 않았을 것이다. 글을 쓰고 또 써도 완전히 채울 수 없는 커다란 빈 구멍이 마음속에 자리잡고 있었기 때문에 계속해서 작품을 탄생시킬 수 있었던 것이다.

예술 분야 외에도 정치나 종교, 비즈니스, 사회 활동 영역에서 위대한 성과를 거두거나 공헌한 사람 중에 애착장애를 겪고, 그것을 극복해온 사례가 많다. 애착장애를 가진 사람에겐 자신을 철저히 얽매는 경우와 자신을 초월하려는 경우가 있다. 실은 이 두 가지는 표리일체라고도 할 수 있는 역동성을 지니고 있다. 자신에게 향한 굴레를 극복하려 하면서 자기초월을 추구한 사람이 많지만, 자신을 철저하게 옭아맨 끝에 자기초월의 경지에 다다른 경우도 많다.

그들의 행동이나 사고가 독창성과 혁신성을 끌어온다는 사실은 그들이 '부모라는 안전기지를 갖지 못했다'는 점과 깊이 관련돼 있는 것으로 보인다. 부모라는 안전기지의 도움으로 안정된 애착을 구축하고 보호받는다면 분명히 안전하게 살아갈 수 있으며 사회에 적응하기도 쉬울 것이다. 그 편이 훨씬 편안한 인생을 보장해준다. 그에 비해 부모라는 안전기지를 갖지 못한 채 자라난 사람은 느닷없이 사회의 풍파에 내던져져 살아갈 수밖에 없기에 그 어려움은 매우 크다.

하지만 부모라는 안전기지는 때때로 굴레가 되기도 한다. 그곳이 안전하다는 이유로 또는 부모에게 애착하기 때문에 부모의 기대와 보호라는 '한계'에 사로잡히고 마는 일도 많다. 그래서 부모가 설정한 상식이나 가치관에 꼼짝 못하고 얽매여 상식적인 한계를 뛰어넘기 어렵다.

그런데 애착이 불완전하고 안전기지를 확보하지 못한 경우엔, 완전히 상식을 뛰어넘는 시선으로 사회를 바라보고 세상을 느끼는 것이다. 이런 점은 독창성을 꽃피울 수 있다는 점에서 큰 강점이 된다.

물론 개중에는 부모와의 사이에 애착이 불안정하기 때문에 어떻게든 부모의 애정과 신뢰를 얻으려고 부모의 기대에 지나치게 순종하는 사람도 있다. 하지만 인간의 마음은 그렇게 단순하게 흐르지 않는다. 표면적으론 복종하더라도 마음속엔 점점 석연치 않은 응어리가 쌓여간다.

창조는 어떤 의미에선 기존의 가치를 파괴하는 일이다. 파괴적인 힘을 창출하는 데는 기존의 존재와 지나치게 안정적으로 유대관계를 맺는 일은 손해다. 구세력에 대한 근원적인 증오를 지닌 쪽이 파괴적이라 할 만한 창조 에너지를 뿜어내는 것이다.

이러한 의미에서 창조하는 자에게 애착장애는 거의 없어선 안 될 원동력이다. 기술이나 전통을 계승하고 발전시킬 순 있어도 참된 창조는 탄생되기 힘들다. 안정된 애착 환경에 있는 사람은 파괴적인 창조에 목숨을 걸 필요가 없기 때문이다.

나쓰메 소세키는 왜 내정돼 있던 도쿄대 교수라는 안정된 지위를 미련 없이 내던지고 당시는 소규모 신문사였던 도쿄 아사히신문 기자가 되어 불안정한 신문 소설가의 길을 선택했던 것일까. 다니자키 준이치로는 왜 도쿄대를 중퇴하고 아무것도 확실치 않은 작가 활동에 뛰어들었을까. 스티브 잡스는 왜 대학을 중퇴하고 약물 복용이나 인도 여행이라는 목적지도 없는 방랑을 반복한 것일까. 버락 오바마는 왜 콜롬비아대학을 졸업한 후 일류기업에 취직하길 마다하고 보수가 적은 지역사회 조직가social organizer로서 활동했던 것일까.

그들의 창조적 인생의 원점에 있는 것은 기성의 가치를 부정하고 자유로워지고자 한 마음이다. 그것이 가능했던 이유는 그들이 내면에 불안정한 공허를 안고 있었으며 상식적인 행동으론 채워지지 않는 무언가가 있었기 때문이다. 그 근원을 거슬러 올라가면 애착의 상처에 다다른다. 그 상처가 그들을 사회적인 상식에서 해방시키고 새로운 가치를 손에 넣을 수 있는 길로 이끌었던 것이다.

CHAPTER 4

당신은 어떤 상처를 가졌나요

당신의 애착 유형은
무엇인가요?

사람의 애착 유형은 대인관계에 본질적인 영향을 미칠 뿐만 아니라, 내면의 자세와 자기 조절 또는 스트레스에 대한 민감도에도 반영된다. 무엇을 원하고 또 어떻게 자신을 지키고 다스려야 할지 의사 결정과 행동 선택의 근간에 관련한 부분에서도 보이지 않는 역량으로 결과를 좌우한다.

각각의 애착 유형은 '작업 모델'이라 불리는 행동 프로그램을 가지고 있다. 그것은 어릴 때부터 성인이 된 지금까지 순차적으로 만들어져 온 것이다. 행동이나 반응의 틀이며 판단의 기준이다.

이 프로그램의 특이한 사항은, 단지 심리학적 해석이나 행동 선택에 연관돼 있을 뿐만 아니라 스트레스에 대한 내성과 같은 생리학적 반응까지도 지배하며 이에 따라 건강과 수명에도 중대한 영향을 미친다는 점이다.

가령 불안정한 애착 유형에 해당된다면 고혈압이 되기 쉬운 유전자를 가지고 태어나는 것만큼이나 건강을 위협하는 요인이 될 수 있다. 그런 의미에서도 애착 유형은 후천적으로 형성된 것이면서도 유전자만큼, 아니 어쩌면 그 이상으로 인생을 좌우한다.

애착장애는 불안정한 애착 유형을 지닌 사람의 문제지만 애착 유형은 모든 사람이 관련된 문제다. 애착장애라 할 만큼 불안정한 애착으로 힘들어하지 않는 사람 중에도 애착 유형에 편향된 양상을 띠고 있는 경우가 많다. 이제는 자신이나 주위 사람의 애착 유형을 분류하는 데 핵심이 되는 사항을 살펴보겠다. 그 전에 먼저 이 책의 뒷부분에 나와 있는 '애착 유형 진단 테스트'로 자신의 유형을 확인해보자.

성인의 애착 유형을 판정하는 데는 주로 두 가지 방법이 사용된다.

하나는 성인애착면접Adult Attachment Interview으로 용어에서 알 수 있듯이 면접에 의해 실시되는 방법이다.

또 하나의 방법은 질문지에 의한 '친밀한 대인관계 체험척도 Experiences in Close Relationship scale, ECR' 검사이다. 여러 번에 걸쳐 실시된 질문지 검사 결과를 분석해보니 애착 유형은 대체로 애착불안과 애착회피의 두 가지 요인에 의해 결정된다는 사실이 밝혀졌다. 이 경우 애착회피는 친밀한 대인관계를 피하려는 경향이며, 애착불안은 친밀한 관계를 유지하고 있어도 불안해서 더욱 완전한 친밀감이나 의존할 수 있는 관계를 추구하려는 경향이다.

'친밀한 대인관계 체험척도'에서는 애착불안과 애착회피의 점수가 각각 높은지 낮은지에 따라 네 개의 카테고리로 분류된다. 즉 모두 낮은 경우는 '안정형', 애착불안이 강하고 애착회피가 약한 경우는 '불안형', 반대로 애착회피가 강하고 애착불안이 약한 경우는 '회피형', 양쪽 점수가 모두 높은 경우는 '공포·회피형'으로 판정한다.

'애착 유형 진단 테스트'는 이 방법을 기본으로 하여 애착회피, 애착불안, 애착안정과 관련이 높은 항목에 각 몇 개나 해당하는지에 따라 유형을 판정하는데 성인애착면접에서 중시하는 부모와의 관계에 관한 진단항목도 제시돼 있다.

애착 유형을 구분하는 하나의 좋은 지표는 스트레스나 불안이 심할 때 다른 사람과 접촉하려고 하는지, 아니면 만남을 거부하는

지 하는 점이다. 불안이나 스트레스가 높은 상황에선 보통 안심할 수 있는 상대에게 상담을 하거나 위로받고 싶어 한다. 이것이 애착행동의 증가로 나타난다. 하지만 같은 상황이라도 그 사람의 애착 유형에 따라 애착행동이 어느 정도 활발해지는지는 크게 달라진다.

불안형의 사람은 누군가에게 의지하려는 행동을 비롯한 애착행동이 지나치게 증가한다. 줄곧 누군가의 곁에 있고 싶어 하고 이야기를 하거나 스킨십을 하지 않으면 불안해 견딜 수 없다. 반면, 회피형의 사람은 애착행동이 증가하지 않을 뿐 아니라 오히려 감소하기까지 한다. 이에 비해 안정형 사람의 경우엔 적당히 증가한다고 볼 수 있다.

어린 시절의 슬픔, 화, 불안 같은 부정적인 경험을 회상하게 하고 기억을 떠올리는 데 걸리는 시간을 비교해보면 회피형의 사람은 부정적인 체험을 회상하는 데 오랜 시간이 걸린다는 사실이 밝혀졌다. 반대로 불안형의 사람은 부정적인 체험은 곧바로 떠올릴 수 있는 반면에 즐거웠던 기억을 떠올리는 데는 시간이 많이 걸렸다. 안정형의 사람은 그 중간 정도의 적당한 잠재시간을 나타냈다.

요컨대, 회피형의 사람은 부정적인 기억에 대한 접근이 억제되고 있는 것이다. 반대로 불안형의 사람은 부정적인 기억이 지나치게 활성화되는 반면, 긍정적인 기억에 대한 접근이 억제되고 있다. 안정형의 사람은 어느 쪽 기억에도 똑같이 접근할 수 있다. 게다가 불안형의 사람에게 슬픈 체험을 떠올리게 하면 분노와 불안이라는 다른 부정적인 감정도 생겨난다. 안정형의 사람은 이러한 부정적인 감정의 파급이 많이 보이지 않았다.

하지만 안정형의 사람조차도 부정적인 체험을 떠올리면 작업능률에 영향을 미치는데 반해, 회피형 사람의 경우 별로 영향을 미치지 않았다. 이러한 사실은 회피형 사람이 떠올리는 '슬픈' 체험은 그다지 슬프지 않고 깊이가 얕은 체험이기 때문이다. 회피형의 사람이 부정적인 체험을 상기하면 심리적으로 강한 방어가 작동한다.

집단요법 같은 자리에서 자신의 체험을 이야기하게 하면 그 차이는 더욱 두드러진다. 불안형의 사람은 어머니가 자신을 버리고 나갔을 때의 일을 생생하게 밝히거나 친구가 사고로 죽은 체험을 눈물을 흘리며 이야기하는데 반해, 회피형의 사람은 훨씬 비참한 체험을 겪었으면서도 기르던 거북이가 도망치다가 말라붙어 죽은 이야기를 해서 모두를 웃기는 식이다. 상처받은 체험에 마주서길 한사코 회피하려는 것이다.

애착 유형은 후천적으로 형성된 것이면서도 유전자만큼,
아니 어쩌면 그 이상으로 인생을 좌우한다.

사랑하는
사람을 위한 희생

한 연구에서 사랑하는 연인 또는 배우자가 죽을 위기에 처한 상황을 떠올리게 하고, 그때 파트너의 목숨을 구하기 위해 자신의 목숨을 위험에 내던질 수 있는지를 물었다. 그 결과 안정된 애착 유형을 지닌 사람은 파트너의 목숨을 구하기 위해서라면 자신이 희생돼도 좋다고 답하는 경향을 보였다. 하지만 불안정한 애착 유형의 사람에겐 타인의 목숨을 구하기 위해 자신이 희생하기를 꺼려하거나 주저하는 심리가 강하게 나타났다고 한다.

흥미롭게도 불안정한 애착 유형의 사람 중에는 자신의 가치관이나 신념을 위해서라면 죽어도 좋다고 대답한 사람이 많았는데도, 파트너를 위해 자신이 희생되는 것엔 거부 반응을 드러내는 경향이 있었다.

그렇다면 애착 유형에 따라 일하는 자세는 어떻게 다를까. 먼저, 안정형의 사람은 일에 적극적으로 몰두하므로 업무상 문제도 적으며 대체로 사회적 지위가 높고 일에 대한 만족도가 높은 것으로 나타났다. 그리고 일에 대인관계의 문제를 끌어들이지 않는 성향을 보였다.

이에 비해 불안형의 사람은 일을 하는 데도 애착과 관련된 행동이 많고 그 일에 큰 관심과 에너지가 할애된다. 일에서의 성공과 실패는 단순히 일의 문제가 아니라 성패에 따라 자신이 받아들여질까 혹은 거부당할까 하는 대인관계의 문제로 바뀌기 쉽다.

또한 불안형의 사람은 일에 대한 자신감이 부족하며 성별이나 학력의 영향이 미치지 않도록 만든 자료로 비교해도 평균보다 급여가 낮은 경향이 있다. 실제로 일을 잘할 수 있느냐 없느냐의 문제보다도 스스로 자신을 낮게 평가하거나 자신감이 결여되어 결과에 영향을 미치는 것이다. 한편, 회피형의 사람은 업무상 문제보다는 동료와의 알력이 많고 고립을 초래하기 쉽다. 이는 불안형과는 반대로, 동료에 대해 관심이 부족하거나 협조성이 결여됐기 때문이다.

불안형의 사람도 회피형의 사람도, 안정형의 사람에 비해 일의 만족도가 낮고 업무의 스트레스나 무기력한 증상이 많았다. 특히 불안정한 애착을 보이는 젊은 여성을 2년 후 조사해보니 업무능력이 낮게 나타났다.

안정형의 사람이 업무를 원활히 진행할 수 있는 요인으로 부모 등 가족과의 관계가 원만하고 든든한 지원을 받을 수 있다는 점이 일에도 긍정적으로 작용한다는 사실을 들 수 있다. 이에 비해 불안형이나 회피형 같은 불안정형의 사람은, 가족과의 관계가 불안정해서 지지받기는커녕 방해를 받게 되므로 일에도 부정적인 영향을 미친다. 다만, 부모와의 관계가 원만하지 않고 불안정형을 나타내는 경우라도 연인이나 배우자와 좋은 관계를 이뤄 안정형 애착을 갖게 되면 업무에 바람직한 영향을 기대할 수 있다.

애착 유형은 그 사람의 주요 관심사를 지배함으로써 행동을 좌우한다. 불안형의 관심은 만사를 제쳐놓고 대인관계로 향해 있다. 사람들에게 인정받고 안도감을 느끼는 일이 이 유형에겐 무척 중요하기 때문이다.

한편 회피형의 사람은 대인관계보다는 업무나 공부 또는 취미에 무게를 둔다. 대인관계의 번잡함을 피하기 위해 업무나 공부로 피난처를 삼는 경향도 있다. 그렇다고 해서 회피형의 사람이 업무에 전심전력으로 몰입한다는 뜻은 아니다. 세상을 향해서는 자립한 모습을 그럴듯하게 보여주어 사회적 비난이나 가족의 요구를 회피하기 위해 이용하는 측면이 강하다. 업무나 사교, 취미활동 등을 균형 있게 유지하기도 어렵고 일에 치우치는 경향도 나타난다.

애착 유형은 공격성이나 분노의 처리에도 관여한다. 아이의 애착장애 연구에서 회피형의 아이는 적의나 공격적 행동이 많은 것으로 밝혀졌다. 젊은이나 성인에게도 이 사실은 꼭 들어맞는다. 주변에서도 우호적이라기보다 공격적인 인물로 인식되는 일이 많다. 부모에게도 적의나 분노를 보이는 경향이 있다.

불안형 아이에겐 어머니에 대한 강한 의존과 더불어 저항이나 공격이 특징적으로 나타난다. 욕구불만에서 오는 분노를 어머니에게 쏟아내는 것이다. 이 유형의 아이는 취학 전부터 취학기에 걸쳐 대인불안이나 긴장감이 강하지만 같은 연령의 아이에 대한 공격성은 별로 보이지 않는다. 오히려 집단 따돌림의 대상이 되기 쉽다. 결국, 집안에서만 큰소리치는 격이고 밖에서는 온순하다고 할 수 있다.

이러한 경향은 불안형 성인에게도 나타난다. 그들의 공격성은 부모나 배우자, 자녀 등 가족을 향해 발산된다. 결국 가정 내 폭력을 유발하는 것이다.

불안형은 배우자의 지원을 필요로 하는 동안엔 분노를 억압하지만 도움이 필요 없어지면 분노가 폭발하는 경향이 있다. 부부가 어려움에 직면했을 때는 어떻게든 참을 수 있었지만 상황이 안정되고 나면 아내 쪽에서 이혼서류를 내미는 일이 생기는 것도 이러한 역학관계가 작용하기 때문이다.

애착 유형은 스스로 자신의 건강을 관리하는 데도 영향을 미친다. 안정형의 사람은 건강을 유지하기 위해 운동을 한다거나 식사를 조절하는 데도 열심이다. 따라서 음주나 흡연, 약물 남용 등 건강에 유해한 행위를 피하려 한다.

불안형의 사람은 스트레스가 많기 때문에 건강에 문제가 생기기 쉬운데도 제대로 건강관리를 하지 않는 경향을 보인다. 또한 통증에 약하고 몸 상태가 좋지 않으며 사소한 일에도 괴로움을 느끼고 큰 소란을 떤다. 이 유형의 사람이 자신을 지키는 방법이다.

한편 회피형의 사람은 자신의 건강관리에 무관심한 편이다. 자신의 증상이나 스트레스를 제대로 자각하지 못하고 병이 진행된 후에야 비로소 깨닫는 경향이 있다. 그렇기 때문에 여러 가지 신체질환에 걸리는 비율이 높은 편이며 자각하지 못하는 스트레스가 자신도 모르는 사이 신체적인 증상이 되어 나타나기도 한다.

마지막으로 불안형과 회피형, 양쪽 성향을 모두 가진 사람은 병원에 가는 것을 너무나도 싫어해서 치료를 제대로 받지 못하는 경향이 있다.

슬픔과
마주하는 시간

부모나 배우자 등 사랑하는 이의 죽음을 경험하게 되면 우리는 그 슬픔을 받아들이고 극복하고자 비애반응 mourning work(애정·의존의 대상을 잃은 인간이 겪는 심리적 과정_역주)을 겪는다. 애착 유형에 따라 비애반응도 다르게 표현된다. 이것은 이미 존 볼비가 지적한 사항이기도 하다.

안정형의 사람은 부모나 배우자의 죽음을 그다지 힘겨워하지 않고 수용하며 생전의 추억에 대해서도 조리 있게 이야기할 수 있다. 상실감에 압도되지 않고 슬픔이나 괴로움을 표현할 수 있기 때문에 고인에 대한 애착을 계속 유지하고 슬픔은 차차 엷어진다.

따라서 우울증에 걸리거나 마음이 불안정해지는 일 없이 비애반응이 순조롭게 진행돼 간다.

이에 비해 불안형의 사람은 비애반응이 지연되고 장기화되기 쉽다. 고인에게 지나치게 의존하고 감정적으로 깊이 엮여 있었던 만큼 그 비탄과 상실감은 보통 사람보다 크다. 반면, 회피형의 사람은 비애반응 자체가 결여되어 있다. 눈물도 흐르지 않고 비교적 태연하기까지 하다. 회피형의 사람은 독립해서 자기 소신대로 살고 싶어하며 부모나 배우자에 의존하고 관여하는 비중이 적고 표면적이기 때문에 가족의 죽음으로 인해 받는 영향도 적은 편이다.

그렇다고 해서 슬픔이나 상실감을 느끼지 않는 것은 아니다. 회피형의 사람은 이러한 일의 영향이 몸 상태가 나빠지는 현상으로 나타나는 경우가 많다. 정신적으론 마주하기를 피하지만 그 여파가 몸의 증상으로 나타나는 것이다. 슬픔을 말로 표현하지 않는 상태가 몇 년이나 계속된 후, 억눌려 있던 슬픔이 어떤 시점에 갑자기 분출되기도 한다.

배우자를 잃은 지 1년 2개월이 지난 사람을 대상으로 실시한 조사에서, 회피형의 사람은 고인을 부정적으로 말하는 경향을 보였다. 분명 그렇게 함으로써 고인에게서 거리를 두고 가치를 깎아내려 상실감을 누그러뜨리는 것이다. 이와는 대조적으로,

불안형의 사람은 고인을 이상화해서 회상하는 경향이 있다. 살아 있을 때는 불만이나 부정적인 말을 많이 했던 것과는 대조적이다.

가장 비애반응이 힘들고 불안정한 모습이 되기 쉬운 경우는, 회피형과 불안형의 양쪽 성향이 모두 강한 공포·회피형 애착 유형을 지닌 사람이다. 불안이나 우울증 그리고 비탄 반응이 강하게 나타나고 또한 죽음을 맞이할 때의 광경을 떠올리며 강한 불안과 해리에 사로잡히는 심적 외상 반응을 보이기도 한다. 알코올에 의존해 도피하려는 경우도 많다.

애착 유형은 자신의 죽음을 대하는 자세에서도 차이가 확연히 드러난다. 불안형의 사람은 죽음에 공포나 불안을 갖기 쉬우며 죽음에 대한 생각도 많이 한다. 회피형의 사람은 죽음에 대해서 별로 생각하지 않는 편이며 공포도 적다.

죽음을 두려워하는 이유에서도 큰 차이를 엿볼 수 있다. 불안형의 사람은 죽음으로써 사회적인 관계가 끊어지는 걸 두려워한다. '내가 죽으면 나는 곧 잊혀지겠지' 라든가 '죽으면 그 사람을 더 이상 만날 수 없어' 하는 식이다. 죽음을 대인관계의 연장 속에서 평가하고 이해하기 때문이다.

회피형의 사람이 죽음을 두려워하는 대표적인 이유는, '죽으면 어떻게 될지 모른다'는 점이다. 회피형의 사람은 자신의 인생을 스스로 통제하려 하는데 죽음의 불확정성은 그 통제를 서스르고, 그런 까닭에 죽음을 두려워하고 위기로 느끼는 것이다.

안정형의 사람은 죽음을 긍정적이고 건설적으로 극복하려 한다. 죽음이라는 해결 불가능한 문제 자체에 얽매이지 않고 자신의 성과나 공적이 사후에도 계속 남아 있게 하는 데 정성을 다하려 하는 것이다. 구체적으론 자녀나 다음 세대에 관심과 애정을 쏟아 붓거나 창조적인 활동 또는 사회 공헌에 힘쓰려 한다.

회피형인 사람에게 죽음은
스스로 통제할 수 없는 까닭에 위기로 느껴진다.

나는 어떤 사람인가
성인애착검사

성인애착면접의 특징은 부모 또는 양육자라는 가장 중요한 애착 대상과의 관계에 초점을 맞추고 그 관계가 마음속에서 어떻게 정리되는지를 살펴본다는 점이다. 자기진단용으로 작성한 것이니 직접해보자.

| 성인애착검사 |

① 당신과 부모(어머니, 아버지, 그 외 양육자)와의 관계에서 떠오르는 형용사를 다섯 개 적으시오.

- **어머니**

(   ) (   ) (   ) (   ) (   )

- **아버지**

(   ) (   ) (   ) (   ) (   )

- (   )

(   ) (   ) (   ) (   ) (   )

② 지금 답한 다섯 개의 형용사 하나하나와 관련한 어린 시절의 경험을 구체적으로 적으시오.

_____

_____

③ 어린 시절 어려운 일이 생기거나 병이 났을 때 또는 다쳤을 때 부모(양육자)는 어떠한 반응을 보였습니까?

_____

_____

④ 만약 어린 시절 부모(양육자)와 헤어지거나 사별한 경험이 있다면 당신은 그 일을 어떻게 느꼈습니까?

_____

_____

⑤ 부모(양육자)와의 관계에서 마음에 상처받은 경험이 있나면, 어떤 일이었습니까?

_____

_____

⑥ 부모(양육자)를 대하는 마음에 혹시 달라진 점은 있습니까? 있다면 어떠한 변화입니까?

_____

_____

⑦ 부모(양육자)를 대하는 당신의 현재 마음은 어떻습니까?

_____

_____

이 검사의 요점은 피험자가 어린 시절에 부모(양육자)와의 관계에서 어느 정도 일관성 있는 심리적 체험을 했는지를 살펴보는 일이다. 그 정도에 따라 다음 세 가지 유형의 어디에 해당하는지를 판정한다.

(1) 자율형 autonomous
(2) 애착경시형 dismissing
(3) 포로형 preoccupied

자율형은 ①에서 답한 각각의 형용사가 나타내는 구체적인 체험을 풍부하게 떠올려 말할 수 있다. 그리고 어린 시절의 체험에 관해 일관성 있는 태도를 보이고 과거와 현재의 부모 또는 양육자와의 관계에 대해 객관적으로 돌아볼 수 있다. 부정적인 체험에 대해서도 공감과 용서의 감정을 표현하고 부모 또는 양육자에 관해 긍정적으로 말한다.

애착경시형은 자신의 어린 시절에 대해 긍정적인 견해를 나타내며 부모나 양육자와의 관계를 긍정적인 형용사로 표현하지만, 그것을 구체적으로 나타내는 경험에 대해서 질문을 받으면 그다지 생생하게 떠올리지 못한다. 유년 시절의 기억이 불충분하다는 점도 하나의 특징이다. 또한 형용사는 긍정적이지만 그 구체적인 내용은 그다지 긍정적이지도 않고 현실보다 이상화하는 경향도 드러난다. 부모나 양육자와의 관계도 크게 중요한 일은 아니라는 태도를 보이는 것도 특징이다.

포로형은 어린 시절이나 부모 또는 양육자와의 관계를 객관적으로 뒤돌아보기 힘들다. 지금도 원망이나 분노를 끌어안고 있으며 질문에 대해서도 애매한 답밖에 내놓지 못하거나 감정적이 되어 불쾌한 심정을 드러내기도 한다.

이상의 세 가지 유형에 모두 해당하지 않는 경우는 (4)분류불가능형cannot classify이라 한다. 분류불가능형도 자율형은 아니라는 의미에서 판정의 가치가 있다. 극복하는 과정에 있는 경우엔 유형의 혼재가 일어나 분류불가능형을 나타내기도 한다. 여러 명의 부모와 양육자에게 각각 다른 유형을 보이는 경우도 있다.

또 한 가지 확인해야 할 점은 ④와 ⑤의 질문, 즉 부모 또는 양육자와의 이별(사별 포함)이나 외상적 체험에 관한 질문에서 피험자가 나타낸 반응이다. 이 질문에 대해서 혼란이나 침묵, 거부적인 반응을 보인 경우는 (5)미해결형unresolved으로 판정한다. 미해결형은 지금까지의 네 가지 유형 중 어느 것인가와 중복돼 진단된다.

어린 시절에 형성된 애착 형태와의 관계도 포함해 다시 한 번 정리하자면, 자율형 인간은 안정형 애착 유형에 해당하며 애착 문제는 대체로 인지되지 않는다. 어린 시절 부모나 양육자와 안정된 애착을 맺은 사람이 많지만, 학대나 무시를 당한 경우에도 이후 극복한 사람은 이 유형을 나타낸다. 자율형 인간은 대인관계에서 신뢰로 맺어진 파트너십을 확립하고 유지할 수 있다.

한편 애착경시형 인간은 회피형에 해당한다. 탈애착 경향을 나타내며 과거에 상처받은 체험을 기억에서 끊어내고 덮어둠으로써 마음의 안정을 유지하려 한다. 어릴 때의 기억이 불충분하고, 특히 슬픈 기억이나 불안한 기억을 떠올리는 데 시간이 걸리는 것은 그 때문이다. 또한 신뢰하고 존경할 수 있는 존재나 그에 얽힌 일을 떠올리기도 어렵다.

애착경시형 인간은 부모나 양육자에게 응석을 부리려다 거절당하거나 보살핌 받지 못했던 어린 시절의 괴로운 기억을 애써 억누르면서, '그런 일은 내게 필요 없다'고 되뇌이며 자신을 지켜왔다. 그 결과 다른 사람에게 의지하지 않고 자신의 능력만 믿으면서 독립형 또는 독불장군형의 생활방식을 취하게 된 것이다. 친밀한 관계를 피하거나 다른 사람을 신뢰하지 못하고 권력이나 업적 또는 돈의 힘 따위를 신봉함으로써 자신의 가치를 지키려 한다.

포로형은 불안형에 해당한다. 포로형 인간은 부모 또는 양육자에게 받은 상처가 지금도 생생하게 마음에 새겨져 있어 부모를 그리는 마음과 미워하고 거부하는 마음이 갈등하고 있는 상태다. 상처를 받아들이고 극복하는 일이 아직 불가능하다. 그 결과 부모 이외의 대인관계에서도 양면적인 감정에 사로잡히거나 지나치게 상처받아 불안정해지기 쉽다.

어릴 때의 불안정 혼란 유형은 이후 어떻게 대응하느냐에 따라 어느 한 가지 애착 유형으로 자리 잡을 수 있는데, 이때 포로형이 되는 경우가 많다. 또한 학대나 대상 상실 등으로 마음의 상처가 깊은 미해결형의 애착 유형도 함께 나타나는 경향이 있다. 이렇게 두 가지가 합쳐진 경우는 대부분 경계성 인격장애가 되기 쉽다.

CHAPTER 5

어른이 되지 못한 내 안의 나

안정적인 유대감을 느낀다
안정형 애착 유형

안정형 애착 유형의 가장 큰 특징은 대인관계에서의 안정적인 유대감 형성이다. 안정형의 사람은 자신이 애착하고 신뢰하는 사람이 자신을 언제까지나 사랑해줄 것이라는 사실을 당연하게 받아들이고 확신한다. 애정을 잃는다거나 상대가 자신을 싫어하게 될지 모른다는 생각 따위로 고민하지 않는다. 자신이 힘들 때나 도움을 청했을 때는 반드시 응해줄 것이라 믿고 있다. 따라서 편하게 상담하고 도움을 요청한다.

안정형의 또 다른 특징은 솔직하고 적극적인 자세다. 다른 사람의 반응을 긍정적으로 파악하고 자신을 부정하거나 무시하지 않을까 오해하지 않는다. 과연 다른 사람이 어떻게 반응할지에 대해 그다지 신경 쓰지도 않는다. 자신이 상대의 요구를 거부하거나 주장을 부정하면 상대가 상처받아 자신을 싫어하게 되지나 않을까 하고 걱정하지 않는다. 자신의 마음을 속여가면서 상대에게 맞추려 하기보다는, 자신의 생각을 털어놓는 편이 상대에게도 긍정적으로 작용하고 서로 이해하는 데 도움이 된다고 믿는다. 서로 의견을 나누며 논의할 때도 무작정 논쟁에 이기려 하거나 감정적으로 대립하지 않고 상대에 대한 경의와 배려를 잊지 않는다.

사랑하는 사람과 이별할 때도, 슬픈 마음을 품고 있지만 그 기분에 압도돼 마음이 불안정해지거나 살아갈 용기를 잃는다거나 하는 일은 없다. 자신 속에서 소중한 존재는 계속 살아 있다고 느끼며 그때까지의 사랑에 당당할 수 있도록 적극적으로 살아가려 한다. 일과 대인관계의 균형이 잘 맞는 것도 중요한 특징이며 함께 즐기면서 자연스럽게 열중할 수 있다. 따라서 스트레스에서도 자유로운 편이다.

귀찮은 일은 딱 질색이야!
회피형 애착 유형

회피형 애착 유형의 사람은 거리를 둔 대인관계를 좋아한다. 가까운 관계나 정서적인 공유를 편하게 느끼지 않고 오히려 중압감을 느끼는 편이다. 따라서 친밀한 감정을 회피하려 하며 심리적으로도 물리적으로도 거리를 두려 한다.

회피형의 사람은 얽매이는 것을 싫어한다. 다른 사람에게 의존하지 않으면 다른 사람도 자신에게 의지하지 않을 것이라 여기며 자립자존의 상태를 최선으로 여긴다. 또한 자신이 속한 조직이나 집단과 마음을 공유하는 일이 적고, 동료와 함께 있어도 별로 의미가 없다거나 시간이 아깝다는 부정적인 시각을 드러내는 경향이 있다. 어떤 일에 적극적으로 관여하기보다는 자신에게 쓸데없는 책임이 돌아오지 않게 하려고 거리를 둔다.

회피형의 또 다른 특징은 바로 갈등을 피하려는 태도다. 사람과 서로 부딪치는 상황이 힘들기 때문에 그러한 상황에 빠질 수 있다고 판단되면 자신이 물러섬으로써 사태를 수습하려 한다. 다른 사람 일에 적극적으로 관여하기를 싫어하는 것도 어떤 의미에선 갈등을 피하기 위해서다. 그런 한편으로, 갈등을 겪지 않는 일에서는 정반대의 반응을 나타낸다. 스트레스가 심해지면 충동적으로 대응하고 공격적인 태도를 보인다. 상대의 아픔에 무관심한 성향도 있어서 자신이 상대에게 상처 입히고 있다는 사실을 미처 깨닫지 못할 때도 있다. 냉정해 보이지만 이성을 잃으면 폭발하고 만다.

회피형의 사람은 어떤 일에 대해서든 어딘가 냉담한 데가 있다. 진심으로 열성을 보이지도 않고, 정서적인 감정을 억제하는 데 자신이 있으며 그에 얽매이지도 않는다. 침착하고 현실적인 인상을 주는 경우가 많은데, 그렇게 함으로써 상처받지 않도록 자신을 지키는 것이다. 또한 회피형의 사람은 불안형 애착 유형의 사람과는 대조적으로, 사랑하는 사람과 이별할 때도 냉정하다. 최근의 실험에서도 회피형의 사람은 이별하는 장면을 떠올릴 때 정서와 관련 있는 뇌의 영역에서 반응이 억제되고 있다는 사실이 밝혀졌다. 이 억제가 방어적인 메커니즘에 의해 일어난다는 사실이 다른 실험에서도 증명됐다. 다만, 회피형의 사람이라도 부담감이 심하게 쌓인 상황에서는 억압된 사고가 과제 수행에 영향을 미치는 것으로 알려져 있다.

사랑하는 반려자와 사별한 사람의 인터뷰를 피험자에게 들려주고 그 내용을 어느 정도 기억하고 있는지 조사한 실험이 있다. 그 결과 회피형의 사람은 내용을 별로 기억하지 못한다는 사실을 알 수 있었다. 그 기억을 빨리 잊는다기보다는 듣는 단계에서 머리가 이미 그것을 차단한 것으로 판단된다. 이러한 사실은 피험자에게 감정을 불러일으킬 만한 사진을 순간 보여주고 나서, 그것이 어떠한 장면의 사진인지 이해할 때까지 보여주는 시간을 점차 늘려가는 실험에서도 뒷받침되고 있다. 회피형의 사람은 이해할 때까지 오랜 시간이 필요하다. 이 경향은 어떤 감정을 야기하는 사진에 대해서만 유효하며 자연 경치나 무생물적인 물체 등이 담긴 사진에선 성립되지 않았다.

즉 회피형의 사람은 감정적인 반응의 인지에 있어 둔감한 편이다. 또 다른 실험에 따르면, 회피형인 사람의 표정을 정확히 읽어내기 쉽지 않다는 결과도 나와 있다. 회피형의 사람은 자신을 분명하게 드러내길 피하는 성향이 있어 자기 표현력이 부족하다. 또한 이야기를 나눌 기회 자체가 적으므로 대화에서 미묘한 뉘앙스를 정확히 파악하기도 어렵고 의미를 잘못 이해하기 십상이다. 특히 상대가 친해지고 싶다거나 애정을 확인하려고 보내는 신호에 무관심하며 알아채지 못하는 일도 많다. 그로 인해 주변에선 둔감하다 여기기도 한다.

많은 실험에서 회피형의 사람은 표정이나 감정 표현이 약하다고 밝혀졌다. 특히 기쁨이나 관심의 표정이 부족하다. 이에 비해 부정적인 감정을 나타내는 표정이나 표현은 오히려 과한 경향이 있다. 또한 표정이 감정과 어긋나는 것도 회피형 인간의 특징이다. 어떤 실험에서, 피험자에게 짧은 영화를 보여주고 그때의 표정을 비디오로 기록한 후에 본인에게 어떤 기분이었는지를 물었다. 안정형의 사람은 슬픔이나 분노의 표정을 짓고 있을 때 각각 슬픔이나 분노를 느끼고 있었다고 대답했다. 표정과 감정이 일치한 것이다. 하지만 회피형의 사람은, 표정은 슬픔을 나타내고 있는데 정작 본인은 '화가 났었다'고 대답하는 등 표정과 감정이 일치하지 않는 경우가 많았다.

한편으론 회피형의 사람은 일이나 취미 등의 영역에서 자기주장이 강하다. 이러한 영역은 그 사람에겐 누구에게도 침범당하고 싶지 않은 일종의 성역이다. 정서적 자기표현이 약한 면을 그 부분에서 보완이라도 하려는 듯 열의를 기울인다.

그리고 회피형의 사람은 귀찮은 일은 딱 질색이다. 꼭 해야 하는 일인 줄 알면서도 성가신 일은 뒤로 미루고 발등에 불이 떨어질 때까지 내버려두는 일이 많다.

가와바타 야스나리는 대학을 힘들게 졸업했다. 도쿄제국대학(현 도쿄대학_역주)을 졸업한 것은 25세쯤으로 3년이나 늦은 셈이다. 가와바타 스스로도 정말 자신이 졸업할 수 있을지 걱정한 적도 있었다. 결국은 몇몇 교수에게 사정을 해서 겨우 졸업장을 손에 넣을 수 있었다. 번거로운 일을 뒤로 제쳐놓는 성향이 있었던 것이다. 그 밑바탕엔 세상의 복잡한 일이 싫어 속세의 어수선함을 피해 평온하게 지내고 싶어 하는 동경이 있었다.

대학을 가까스로 졸업한 해, 그는 동료 문인들과 〈문예시대〉라는 동인지 활동을 시작하고 새로운 문학 운동의 중심적인 인물로서 활약하기 시작했다. 하지만 문단에서의 활발한 활동과는 정반대로, 사생활에선 도쿄보다도 이즈伊豆의 유가시마湯ヶ島 온천 여관에 오래 머무르며 산속에서 은거하길 좋아했다. 가와바타가 유가시마에서 일 년의 대부분을 지낸 것은 20대 중반 이후로 보통 사람이라면 가장 건강하고 활동적인 시기다.

나는 가와바타가 머물렀던 유가시마의 온천여관인 유모토칸湯本館을 찾아갔던 적이 있다. 지금도 폭포 소리가 들리고 산간의 고즈넉한 정취가 그대로 남아 있는 곳으로, 당시 정말로 이즈의 산속에 들어와 있다는 실감이 났을 것이다. 하지만 혈기왕성한

20대 젊은이가 일 년의 대부분을 보내기엔 세상과 너무 동떨어진 장소인 듯하다.

가와바타의 지나치게 예민한 신경이 고요한 환경과 도시와의 거리를 필요로 했을 것이다. 이 시기 가와바타는 많은 책을 읽은 것도, 대작을 저술한 것도 아니다. 눈에 띄는 작품으로 말하자면, 23세 때 쓴《유가시마에서의 추억》중 일부를 떼어내《이즈의 무희》로 완성시켜 간행한 정도였다. 그에겐 유가시마가 완벽한 피난처였고, 그래서 그곳에서 아내가 될 여성과 함께 생활하기 시작했다.

나쓰메 소세키를 비롯한 문인들에겐 이러한 도시의 번잡함과 성가신 대인관계에서 벗어나 지낸 경험이 이후 창작열을 꽃피우는 데 꼭 필요한지도 모른다. 마치 나비가 되기 전의 번데기와 같은 시기라 할 수 있다.

다른 사람과 충돌을 싫어하는 무저항적인 모습도 회피형의 특징이라 할 수 있는데, 그 근원에는 사람과의 유대관계에 대한 깊은 체념이 있는 것 같다.

회피형 애착 유형의 특징이 두드러지게 나타나는 것은 연애나 가족과의 애정이 시험될 때이다. 회피형의 사람은 연애에서도 끈끈한 관계를 싫어하는 담백한 면이 있어 상대와의 유대를 어떻게든 지키려 하는 의지와 능력이 약하다.

천애고아가 된 가와바타 야스나리는 큰아버지 집으로 들어가게 되면서 할아버지와 함께 살던 집이 팔려 없어졌고, 머지않아 중학교 기숙사로 들어가게 된다. 그러한 체험을 통해 그는 무슨 일에도 집착하지 않고 욕심이 없는 담담한 성격이 되었다. 가와바타는 "사랑의 길은 망각이라는 오직 한 길밖에 있을 수 없다"라고 말했다. '사랑이 곧 망각'이라는 뜻이다. 평소 사랑으로 충만한 사람에게 이처럼 기묘하고 역설적인 말은 없을 것이다. 사랑은 집착이며 무엇보다도 특별한 기억이기 때문이다.

하지만 가와바타와 같이, 회피형의 사람에게 사랑은 얽매이지 않고 망각하는 것이다. 이는 어린아이가 이별과 대상 상실의 고통 끝에 더 이상 고통을 느끼지 않고 살아가기 위해 그것을 잊으려는 마음 상태와 같다.

회피형의 사람을 연인 또는 배우자로 둔 사람은 자주 당황하게 된다. 자신이 힘들어 할 때나 고통을 느낄 때에도 배우자는 태연히 있을 뿐 진심으로 알아주거나 아픔을 함께 느껴주는 일이 거의 없기 때문이다.

회피형의 사람은 사랑하는 배우자가 괴로워하고 있어도 그 일을 자신의 아픔처럼 공감하기 어렵다. 마음의 구조가 다르기 때문에, 더 말하자면 뇌의 작동법 자체가 다르기 때문에 안정형의 사람이 배우자의 고통을 생각해주듯이 상대를 배려하지 못한다. 어디까지나 타인의 일처럼 객관적으로밖에 받아들이지 못한다. 공감적인 뇌의 영역이 발달되지 못하고 억제돼 있는 것이다.

다만 그러한 회피형의 특성도, 경우에 따라선 유리하게 작용하기도 한다. 회피형은 감정으로 판단을 그르치는 일이 적어 객관적으로 사물을 바라보고 대처할 수 있다. 특히 냉정한 판단력이 요구되는 전문직엔 이러한 특성이 잘 맞는다. 실제로 회피형의 사람 중엔 직업적인 능력에서 탁월한 경우가 많다.

왜 남의 눈치를 살필까
불안형 애착 유형

 항상 주위에 신경을 쓰는 사람이 있다. 개인적인 관계는 물론 직장에서도 상대의 안색을 살피면서 눈치를 보거나 지나치게 공손히 예의를 갖춘다. 이때 조금이라도 상대의 반응이 좋지 않으면 자신을 싫어하는 건 아닐까 불안해져서 해야 할 일조차 할 수 없는 지경이 되고 만다. 이 지나친 걱정이야말로 애착불안의 대표적인 현상이다. 걱정만 하면서 제자리에 맴도는 현상은 불안형 애착 유형인 사람의 특징이기도 하다.

　불안형의 사람은 상대의 표정에 민감하고 속마음을 알아채는 속도가 빠르긴 하지만 부정확한 경우가 많다. 특히 분노의 표정

이라고 오해하는 일이 자주 있다. 이러한 현상이 생기는 것은, 불안형의 사람에게 가장 큰 관심사가 '다른 사람에게 받아들여질지 아닌지' '다른 사람이 나를 싫어하는지 아닌지'에 있기 때문이다.

불안형의 사람은 자신이 상대에게 보내는 메시지에 상대가 큰 관심을 기울일 것이라고 생각한다. '상대에게 잘 보이고 싶다'고 자신이 노력하는 만큼 상대도 그 정도로 신경을 써주길 기대한다. 하지만 실제로 주변 사람들은 본인이 마음을 쓰는 만큼 다른 사람의 일에 관심을 갖지 않으며 심지어는 받은 메시지조차도 신경 쓰지 않는 경우가 많다.

불안형의 사람은 '사랑받고 싶다' '이해받고 싶다' '인정받고 싶다'는 마음이 매우 강하다. 대인관계에서 사랑과 배려를 가장 중요하게 여긴다. 따라서 거절당하거나 버림받는 일에 상당히 민감하다. 조금이라도 상대가 거부나 부정의 기색을 보이기라도 하면 극심한 불안에 사로잡혀 과잉반응을 나타내기 일쑤다. 거절당할지도 모른다는 생각이 한 번 머리에 박히면 그 불안을 좀처럼 떨칠 수가 없다. 그래서 상대에게 몇 번이나 확인하려고도 한다. 상대의 안색을 살피고 그에 맞춰 행동하게 된다.

그 결과로 불안형의 사람에겐 상대를 거스를 수 없다는 의식이 자주 엿보인다. 명백하게 부당한 일을 요구하거나 자신을 때맞춰 이용하려 드는 상대에게조차 분명한 태도로 거절하지 못한다. 다자이 오사무도 애착불안이 강해서 웬만하면 상대에게 맞추려는 성향을 띠고 있었다. 《인간실격》엔 이러한 내용이 나온다.

또한 나는 집안 어른들에게 꾸중을 들어도 말대꾸를 한 적이 한 번도 없었습니다. 그 사소한 꾸중이 내게는 청천벽력같이 느껴져 미칠 것 같아서, 말대꾸는커녕 (중략) 나에겐 그 진리를 이행할 능력이 없으므로 이제는 인간과 더불어 살 수 없는 건 아닐까, 하고 생각하게 됐습니다. 그래서 나는 언쟁도 변명도 할 수 없었습니다.

그러나 애착불안은 종속적인 유형의 사람뿐 아니라 지배적인 유형의 사람들에게도 나타난다. 이때 애착불안은 '상대가 자신을 속이려는 건 아닌지, 배신하지는 않을지' 하는 의심으로 모습을 바꾼다.

불안형의 사람은 타인을, 자신에게 상처 입히거나 자신을 비난하는 그리고 귀찮게 여기는 존재로 간주하는 경향이 있다. 또한 자신을 스스로 쓸모없고 사랑받지 못하는 존재라 생각하기도 한다. 따라서 가까운 사람에게 의존하고 그 사람에게 자신이 필요하다는 사실을 인정받아 어떻게든 자신의 마음에 평온을 찾으려 한다.

대인관계는 목적에 따라 크게 두 가지로 나뉜다. 한 가지는 애착관계로, 애착 대상에 다가가고 관계를 맺음으로써 애정이나 안도감을 얻으려 하는 관계다. 또 한 가지는 협력관계로, 애착과는 관계없이 작업이나 과제를 처리하기 위해 함께 힘을 합치거나 협의해 일하는 관계다. 애착관계는 정서적 유대관계지만 협력관계는 이익이나 목적으로 맺어진 편의적이고 합리적 관계다. 애착관계는 지속성을 지니고 있으며 상황이 달라져도 간단히 관계가 끊어지지 않지만 협력관계는 상황에 따라 금세 바뀔 수 있다. 사회생활에서 대인관계를 원만히 유지한다는 것은 바로 애착관계와 협력관계의 균형을 잘 잡는 일이다.

개인의 애착 유형은 이 균형에 미묘한 영향을 끼친다. 안정된 애착 유형을 지닌 사람은 때와 상황에 따라 애착관계를 강하게 하고 협력관계에 만전을 기할 수 있지만, 애착이 불안정한 사람은 두 가지 관계를 구분하지 못하고 어느 한쪽으로 치우치게 된다.

특히 불안형의 사람은 이해관계를 토대로 한 협력관계에 지나지 않는 사이를 애착관계로 착각하곤 한다. 업무상 관계가 곧 연애관계로 발전하는 일도 불안형의 사람에게 많이 일어난다. 불안형의 사람은 상대에게 사랑받고 칭찬받고 싶은 바람뿐 아니라 상대를 이상화하거나 상대와 일체가 되고 싶다는 무의식적인 소망을 품고 있는 것으로 밝혀졌다. 터무니없는 가격으로 상품을 강매

하려는 판매원에게조차 잘 보이려고 선뜻 계약서에 서명을 한다든지, 자신을 이용하는 사람을 특별한 존재로 믿고 최선을 다하는 것도 애착불안에서 비롯되는 행동이다.

불안형의 사람은 어느 정도 거리만 유지되면 다정하게 잘 챙겨주므로 함께 있으면 마음이 편안하다. 불안형의 사람에게서 무언가 문제가 명확히 드러나는 건 친밀한 관계가 되었을 때다. 급격히 기대면서 상대의 모든 것을 독점하고 싶어 하는 경향이 두드러진다. 친해지면 친해질수록 급속히 자신과 타인의 경계가 애매해지며 상대를 자신의 일부로 굳게 믿는다. '버림받을 수 있다'는 불안이 강하기 때문에 자신이 사랑받고 있다는 사실을 자꾸 확인하려 하는 과잉 확인 행동을 보이기도 한다. 또한 의심과 질투심이 강하고 상대의 행동을 속박하거나 감시하는 일도 일어난다. 어쩔 수 없는 사정으로 상대가 자신을 보살펴주지 못하는 일조차도 불쾌하게 여기며 배신당했다고 느끼고 노여워한다. 따라서 상대는 이런 관계가 점차 부담스러워지는 것이다. 보통은 항상 상대를 해주는 연인이나 배우자가 애착 대상인 동시에 의존 대상이 되어 불안형의 사람을 지탱해준다.

불안형의 사람은 불만이나 고통 같은 부정적인 일을 무심코 말로 뱉는 경향이 있다. 입 밖에 내는 순간 감정이 격해져 생각하지 않았던 말까지 하고 마는 경우도 있다. 부정적인 감정이 번져나가

불안형의 사람에게 문제가 드러나는 건
친밀한 관계가 되었을 때이다.

는 것이다. 상대에게 버림받을까봐 두려워하는 한편, 격한 표현이나 상대의 자존심을 상하게 하는 말을 일부러 내던진다. 그 배경엔 상대가 자신을 무시한다는 피해의식이 있다. 하지만 상대는 뜬금없고, 전혀 생각지도 못한 말투에 당황하게 된다. 결국, 버팀목이 돼주던 상대를 잃게 되는 상황이 벌어진다.

또한 소극적인 감정에 사로잡히기 쉬우며 사소한 일을 언제까지나 물고 늘어지는 성향은 분노를 오래 끌기도 한다. 버림받을지 모른다는 공포와 인정받고 싶다는 욕구가 강한 만큼 상대에게 소홀히 대우받는다는 생각이 일으키는 분노는 그렇게 쉽게 잦아들지 않는다. 배우자나 연인의 외도와 배신을 끈질기게 비난하는 사람들의 전형적인 모습으로, 일에서도 자신을 거부한 사람에 대해 부정적인 평가를 내리는 경우가 많다.

불안형의 또 다른 특징은 적의나 분노의 화살이 타인뿐 아니라 자신에게도 향한다는 점이다. 자신을 비판하거나 책망하면서 자기혐오에 빠진 결과, 우울증에 걸리기도 한다. 불안형 사람의 분노에는 상대를 향한 부분과 자신을 향한 부분의 양면이 한데 뒤섞여 있다.

특히 불안형의 여성은 불만이나 스트레스를 배우자에게 심하게 쏟아내는 경향이 있다. 이는 불안형의 사람이 배우자에게 큰 불만을 느끼거나 상대가 자신에게 아무것도 해주지 않는다는 생각을 갖기 쉽다는 사실과 연관이 있다.

이는 또 불안형의 여성이 산후우울증에 잘 걸린다는 사실과도 관련이 있다. 불안형 여성은 배우자의 지지가 불충분하다 생각하곤 스트레스를 느끼기도 한다. 배우자인 남성의 입장에선 불안형의 아내가 강한 불만을 터뜨리면 오히려 도와주려던 마음이 싹 사라지는 악순환에 빠지기도 한다.

불안형의 사람은 애착 대상에게 거는 기대가 매우 크다. 어릴 때 애착 대상에게서 조건부의 불안정한 사랑밖에 받지 못했기 때문에 애정에 대한 갈망이 강하다. 따라서 사실은 배우자에게 사랑받고 지지받고 있는데도 자신은 불충분하다고 느낀다. 이렇게 받아들이는 성향은 언어나 태도 곳곳에서도 나타날 수밖에 없다.

불안형의 사람이 배우자에 대해 부정적인 평가를 내리면 상대는 의욕이 줄어든다. 실제로 상대의 애정과 지지에 대한 부정적인 평가는 상대의 애정과 지지를 감소시킨다. '사랑도 지지도 부족하다' 여기며 불만을 품고 있으면 정말로 상대의 사랑과 지지가 줄어들게 된다는 뜻이다.

불안형은 양극의 성향을 갖는다. 여기서 말하는 양면성은 원하는 마음과 거절하는 마음 두 가지가 공존하는 상태를 뜻한다. 불안형의 사람은 어릴 때부터 양육자에게 과보호를 받고 응석부리며 자라는 한편으론, 부모의 뜻에 따르지 않으면 강하게 거부당하는 극단적인 상황 속에서 성장한 경우가 많다. 따라서 어리광부리고 싶고 사랑을 받고 싶으면서도 언제 거부당할지 모른다는 생각을 갖고 있다. 사랑이 무조건적인 것이 아니며 상황이 바뀌면 언제 버림받을지 모른다는 불안을 지울 수 없는 것이다.

대학생을 대상으로 한 연구에 따르면, 불안형의 사람에겐 부모나 연인에 대해서 긍정적인 태도와 부정적인 태도가 강하게 공존하고 있어 양면적 경향이 심했다. 불안형의 사람은 기대나 칭찬을 받으면 기쁜 반면, 상대의 기대에 어긋나면 어쩌나 하는 생각에 압박감을 느끼기도 한다. 어떤 실험에서 매력적인 이성이 자신에게 노골적으로 관심을 보이는 경우와 그렇지 않은 경우, 과제에 몰두했을 때의 성과에 나타나는 차이를 조사했다. 그 결과 안정형의 사람은 이성에게 관심을 받은 사람이 성과가 높았지만, 반면에 불안형의 사람은 오히려 성과가 저하되는 결과가 나타났다.

안정형의 사람은 자신을 향한 관심에서 자신감과 의욕을 얻지만, 불안형의 사람은 오히려 양면적인 갈등에 휩싸여 집중력을 잃게 되는 것으로 드러났다. 연애를 하면 일이나 학업에서 훨씬 성과가 좋은 사람이 있는 반면 그렇지 않은 사람도 있는데 불안형의 사람에게는 후자의 상황이 생기기 쉽다.

불안형의 사람에겐 자신이 사랑받고 있는지 아닌지가 매우 중요하다. 그 중요성은 회피형 사람이 상상할 수 없을 정도다. 회피형의 사람은 그만큼 애정이 필요하다고 느끼지 않으며, 하물며 입 밖에 내서 표현하는 건 억지로 연기하는 것처럼 어리석은 일이라 여기기 때문이다.

불안형의 사람은 파트너가 자신을 어떻게 평가해주느냐에 따라 자신에 대한 평가를 내린다. 사랑받고 있다 느끼면 자신을 가치 있는 존재라 여기지만 사랑받지 못한다 느끼면 무가치한 존재로 여긴다. 파트너가 무뚝뚝하게 대하거나 부정적인 말을 하면 갑자기 자신감이 없어지고 우울해지기도 한다. 그것은 자신에 대한 평가뿐 아니라 파트너에 대한 평가로도 되돌아온다. 불안형의 사람은 자신을 소중히 대한다 느끼는 존재에게 같은 양의 애정을 돌려주려 한다. 하지만 그것을 줄 수 없게 되면 이미 상대는 그 존재 자체가 무의미해지는 것이다.

불안형의 사람은 불만이나 고통 같은 부정적인 말을
무심코 던지고 부정적인 감정에 휩싸이기도 한다

마음의 모순을 안고 있다
공포·회피형 애착 유형

애착회피와 애착불안이 강하게 공존하는 애착 유형을 공포·회피형fearful-avoidant이라 한다. 대인관계를 피하고 집 안에만 틀어박혀 있으려 하는 회피의 면과 다른 사람의 반응에 민감하고 버림받을지 모른다는 불안이 강한 면, 이 두 성향을 모두 갖고 있어 대인관계는 더욱 복잡하게 얽혀 있으며 불안정하다.

혼자 있으면 불안해 다른 사람과 사이좋게 지내려 하지만 막상 가까워지면 심한 스트레스를 느끼거나 상처받는다는 모순을 안고 있다. 그런 까닭에 공포·회피형의 사람은 의심이 많으며 피해적 인지에 빠지기 쉬운 경향이 있다. 자신을 속속들이 드러내기 힘들고 분명하게 표현할 수 없지만 한편으론 다른 사람에게 의지하고 싶은 마음도 강하다. 불안형의 사람처럼 상대의 호의에 마음 편히 기대지도 못한다. 그렇다고 해서 회피형 사람처럼 무관심하게 있을 수도 없다. 사람을 싫어하면서도 다른 사람과 관계를 맺고 상대를 믿으려 하는 만큼 상처받는 일도 많다. 게다가 친밀한 관계가 되어 상대를 원하는 마음이 강해질수록 원만히 잘 지내지 못한다. 상대의 사소한 행동도 자신을 업신여기는 것으로 받아들이고 믿지 못하게 되기 때문이다.

공포·회피형의 성향과 불안정함은 양육자와의 관계에서 깊이 상처받은 경험에서 비롯된 경우가 많다. 아직 애착의 상처를 끌어안고 가는 미해결형인 사람도 많다. 지금도 상처가 아물지 않은 상태이며 불안정한 구조가 표면에까지 드러나 있는 것이다. 따라서 사소한 계기로 불안정한 상태가 되풀이되며 혼란형 상태로 빠져들어가기 쉽다.

혼란형은 앞서 말한 것처럼 학대받은 아이에게서 전형적으로 나타나며 애착 대상과의 관계가 매우 불안정해 예측할 수 없는 상황에 놓이므로 일정한 대처 전략을 확립할 수 없다. 연령에 따라서 대처 전략을 확립하고 일정한 애착 유형을 갖게 되지만 이별 체험이나 고립적 상황에 의해 애착불안이 높아지거나 애착의 상처가 다시 활성화되면 혼란형 상태로 되돌아가기도 한다. 혼란에 빠지면 정서적으로 불안정해질 뿐 아니라 일시적인 정신질환 상태가 되기도 한다.

나쓰메 소세키의 정신질환을 둘러싸고 지금까지도 여러 가지 의견이 있지만 소세키를 괴롭힌 증상은 애착장애에서 비롯됐다. 근본은 회피형이지만 애착불안도 강한 면이 있기 때문에 공포 · 회피형이라 할 수 있다.

그는 자신을 표현하는 데 매우 서툴렀다. 그래서 자신의 상처받은 마음을 문학작품이라는 형식을 통해 간접적으로 표현하려 했을 것이다. 그의 작품은 어떻게 하면 자신의 정체를 꿰뚫어보지 못하게 은폐하면서 한편으론 자신을 드러내고 표현할까 하는, 상반된 두 가지 요구의 미묘한 균형 위에 이뤄졌다고 볼 수 있다.

나쓰메 소세키가 가까스로 자신의 애착의 상처에 정면으로 마주한 것은 노년의 작품《길 위의 생》에서다. 그 전에 쓴 수필《유리문 안에서》에도 자신의 어린 시절을 회상한 일화가 나오는데, 애매모호하게 거리를 두고 남의 일처럼 담담하게 이야기하고 있다. 이는 회피형의 특징이기도 하지만 과거의 기억을 은폐해온 결과이기도 했다.

한편 나쓰메 소세키는 자신의 평가나 주위의 반응에 매우 민감했다. 조금이라도 자신을 무시한다고 느끼면 치솟는 분노를 억제할 수 없었다. 사소한 일로 아내와 자식에게 언성을 높이거나 하녀를 내보내기도 하고 잇달아 일자리를 바꾸기도 했다.

노년에는 도쿄 아사히신문사 내에서도 고립돼 거처를 연달아 잃었지만 생활을 유지하기 위해 작품을 계속 쓸 수밖에 없었다. 하지만 직업작가라는 입장은 소세키를 막다른 지경까지 몰아넣었고 피해망상과 환청 등 일시적 정신질환 증상과 위궤양이 몇 번이나 발병한 끝에 결국 목숨마저 빼앗기게 된다.

그는 사람을 싫어하는 성향을 지녔지만 한편으론, 일과 관련이 없는 친구를 사귀고 편지를 주고받기 좋아해 방대한 양의 서간을 남겼다. 다른 사람에게 부탁을 받으면 무리를 해서라도 강연이나 여행에 나서는 일도 많았지만, 대개 그 후에는 각혈하고 병상에 눕기를 반복했다.

그에게 연애 사건이라 할 수 있는 일화가 별로 없는 것은 기본적으로 회피형인 까닭이 있겠지만, 한 번 예외적인 일화가 있다. 그가 만년에 개인적으로 교토로 여행을 갔을 때 문학 기생으로 알려져 있던, 기온祇園(교토의 정서를 대표하는 유흥가 일대_역주)의 이소다 다카磯田多佳라는 여성을 소개받았다. 나쓰메 소세키는 10살 정도 연하인 이 여성이 무척이나 마음에 들어 다음 날 기타노텐만구北野天滿宮라는 신사에 함께 가기로 약속했다.

그런데 그녀가 약속을 어겼다. 나쓰메 소세키는 어지간히 충격이었던 듯 위통으로 앓아누웠고, 공교롭게도 이 일로 그녀의 거처에서 이틀 동안 머물고 있을 때 아내가 찾아오는 최악의 상황이 벌어졌다. 나쓰메 소세키는 그 후에도 그녀와 편지를 주고받을 때마다 신사에 가기로 한 약속을 바람맞힌 데 대한 원망이 담긴 문장을 적곤 했다. 이렇게 상대가 자신을 꺼려한다는 사실을 알면서도 자신이 받은 상처에만 마음을 빼앗기는 것이 공포 · 회피형의 특징이기도 하다.

혼자 있으면 불안하고 가까워지면 상처받는
마음의 모순을 품고 살다.

CHAPTER 6
상처받은 유년의 나와 화해하라

근본적 회복을 위한 열쇠, '애착'

인격장애나 증상이 복잡한 발달장애를 치료하기 어려운 이유는 이들 환자가 애착장애를 갖고 있기 때문이다. 우울증이나 불안장애와 같이 주변에서 많이 볼 수 있는 증상이라도 애착문제가 잠재해 있으면 회복하는 데 상당한 시간과 노력이 필요하다.

유감스럽게도 평소 실시되는 관련 치료의 대부분은 애착장애의 개선엔 효과가 없을 뿐만 아니라 오히려 악화시키는 요소를 포함하고 있다. 애착장애에 대한 치료는 현재 미발달된 분야다. 치료자도 현상을 어떻게 다뤄야 할지, 극히 일부를 제외하고는 인식도 경험도 부족한 것이 현실이다.

애착장애라 하면 정신과의나 심리치료사도 대개 심한 학대를 받은 아이를 연상한다. 많은 사람이 내면 깊은 곳에 안고 있는 불안정한 애착의 문제에 어떻게 접근해야 하는지에 대해 문제의식조차 갖고 있지 않은 경우가 많다. 이 지점에 큰 사각지대가 존재한다는 사실을 지금껏 간과해왔던 것이다.

경계성 인격장애 등 심각한 수준의 정신질환의 경우, 정신분석 요법이 오히려 증상을 악화시킬 위험이 있다는 사실은 정신의학의 역사에 하나의 쓰라린 교훈이다. 그 이유 중 하나로 경계성 인격장애를 가진 사람은 자아 기능이 빈약하고 객관적으로 자신을 돌아보는 능력이 약하기 때문에 정신분석 요법의 체계가 단단히 갖춰져 구조화돼 있지 않으면 점점 더 혼란을 겪게 된다.

카운슬링의 경우, 같은 방법으로 치료해도 어떤 사람에겐 효과가 나타나고 어떤 사람에겐 참담한 결과가 나오기도 한다. 이는 치료자와 환자의 관계에 따라서도 다른 결과가 나오기 때문인 것으로 밝혀졌다. 이러한 요소는 '비특정인자'라 불리는데 아직 특별히 정해지진 않았지만 그것을 이루는 것들 중 하나가 바로 애착 유형이나 애착의 안정성일 것이다.

실제로 통상의 정신요법이나 치료로도 좀처럼 낫지 않는 상태라면 애착장애가 내재돼 있는 경우가 많다. 바꿔 말해, 어떠한 치료법을 선택하든 까다로운 증상이 개선되는 경우는 애착장애 부분이 제대로 치료된 것이다. 이는 치료자 자신에겐 별로 의식되지 않을 수도 있다. 치료법의 중심이 아니라 외연적이고 보조적인 부분으로 다뤄지기도 하지만 실은 그 부분이 가장 중요하다. 애착장애 부분이 치료되고 개선됨으로써 다른 부분도 변화를 받아들일 준비를 갖춰 기능이 유효해진다. 애착장애 부분이 치료되지 않은 상황에선 변화를 일으키려 아무리 치료를 시도해봤자 단지 실패로 끝나고 말 것이다.

영화배우이자 감독인 말론 브란도Marlon Brando의 어머니는 알코올 의존증이었고, 그 때문에 그는 어머니에게 별로 보살핌을 받지 못하고 자랐다. 그가 연기에 눈을 뜬 것은 그가 남의 흉내를 내면서 재미있는 연기를 할 때만 어머니가 웃어줬던 어린 날의 경험에서였다.

브란도는 청소년기가 되자 마음에 깃들인 공허함에 괴로워하게 된다. 이러한 마음은 훗날 그가 배우로서 대성공해 많은 여성에게 둘러싸여도 전혀 치유되지 않았다. 언젠가 그는 자신의 우울증이 어머니와 만난 후에 심해졌다는 사실을 깨달았다. 그 해답을 얻고서 몇 년에 걸쳐 정신분석 치료를 받았지만 헛수고로 끝났다. 그는 자서전《어머니가 가르쳐주신 노래》에서 당시의 정신분석의에 대해 이렇게 감상을 표현했다.

하지만 돌아온 것은 얼음처럼 차가운 태도뿐이었다. 그 남자에겐 도대체 따뜻함이라곤 없었다. 진료소의 비품조차도 차가웠으며 발을 안으로 내딛을 때마다 몸이 오싹해질 정도였다. 그는 특정한 심리학파의 규칙에 따랐을 뿐인지도 모른다. 하지만 그는 인간의 통찰력이 결여돼 있어 나에겐 전혀 도움이 되지 않았다.

정신분석은 환자의 말을 귀 기울여 듣고, 그에 대해 공감이 아니라 해석을 함으로써 통찰을 창출해내는 치료다. 환자가 마음을 열도록 유도하고, 마침내 마음을 보이면 따뜻하게 감싸주는 것이 아니라 분석이라는 칼로 냉정하게 분해함으로써 대응한다. 불안정한 애착을 가진 사람이 그러한 일을 당한다면 심하게 우롱당한 것으로 느껴지는 것이 당연하다.

환자를 동정하거나 다정하게 대하는 것이 분석의의 업무가 아니다. 프로이트의 사례분석을 통해 알 수 있듯이, 치료는 대부분 폭력적이기까지 한 분석을 환자에게 들이대며 환자의 마음속 깊은 곳에 감춰져 있는 추한 욕망의 정체를 들춰내고 그에 마주하게 함으로써 회복을 이끌어내려는, 이를테면 '지적 충격요법'인 것이다.

물론 코헛처럼 이런 방법에 의문을 느끼고 공감을 중시할 뿐 아니라 치료자가 부모처럼 적극적으로 응석을 받아주는 일의 중요성을 깨달은 이도 있지만, 그것은 인지적 조작을 존중하는 정신의학의 전통과도 맞지 않고 효율적 관리주의가 강해지고 있는 의료의 흐름에도 수용되지 않아 더 이상의 발전을 보지 못하고 설자리를 잃고 말았다.

이러한 지적인 요법을 아무리 시도해봤자 애착장애는 조금도 나아지지 않는다. 뿐만 아니라 환자는 치료자의 '냉정함'에 조급해져서 분노하거나 실망한다. 치유가 필요한 것은 환자 내면에 있는 애착장애로, 그 본질적인 장애에는 지적 분석도 인지적인 치료도 아무 소용이 없을 뿐더러 중요한 문제를 무시당했다고밖에 느낄 수 없다. 심리적 치료에선 확률이 낮기는 해도 성공할 기회가 있었지만, 약물요법에선 약물의존이라는 대가를 치르면서 안정제나 수면유도제라는 피난처를 제공하는 게 고작이었다.

이처럼 기존의 정신의학 방법으론 근본에 있는 장애를 개선하는 데 희망을 갖기 어렵다. 안타깝게도 현재 상황에서 지금껏 계속 실시되고 있는 정신의료의 대부분은, 애착이나 애착장애가 다양한 정신질환의 원인과 회복에 얼마나 큰 역할을 하고 있는지에 대해 충분한 인식이나 대처 방법을 갖추지 못하고 있다.

다시 말해, 마음을 다뤄야 할 정신의학이 마음을 지탱하는 토대인 애착을 다루는 일을 경시하고 회피해온 것이다. 애착 문제를 외면하고 생물학적 측면이나 인지적 측면만 문제로 삼았으니 근본적인 회복은커녕 시작 단계에서 실패하고 마는 것이다.

사람의 감정이나 행동을 지배하는 인지적 프로그램을 수정한다 해도 애착장애에 접근하기는 쉽지 않다. 프로그램을 수정하려면 우선 통과해야 할 관문이 있다. 그 관문을 여는 열쇠가 바로 애착이며, 안정된 애착이 성립되지 않는 한 프로그램의 수정도 불가능하다.

사람의 감정이나 행동을
지배하는 프로그램을 수정하려면
'애착'이라는 관문을 넘어서야 한다.

그들은
어떻게 회복한
것일까

뛰어난 임상의는 정신분석이든 인지행동요법이든 또는 다른 심리요법이든, 환자의 마음을 열고 그것을 유지하는 능력을 지니고 있다. 그 능력은 치료 방법 자체와는 별개다. 치료 이전 단계에서 무의식적으로 행해지는 원초적인 과정에 속한다 할 수 있다.

실은 바로 이 부분에 치료가 잘 되느냐 아니냐의 비밀이 숨겨져 있다. 정신분석이나 인지행동요법을 제대로 배웠다 해서 이 비밀을 얻을 수 있는 건 아니다. 전문가가 아니더라도 사람을 치유하고 회복시키는 능력이 있는 사람은 그 비밀을 체득하고 있다.

이는 그들이 성장하는 동안에 또는 사람을 회복시키려고 시도하는 중에 어느 사이엔가 자연스레 몸에 익힌 것이다. 그것이 바로 애착의 상처를 치유하기 위해 가야 할 정도이다.

에릭슨은 1933년 나치스의 위협에서 벗어나고자 아내와 어린 두 아이를 데리고 빈에서 미국으로 건너갔다. 그는 덴마크에서 정착하려 했지만 덴마크 정부는 영주 허가를 내주지 않았다. 보스턴으로 왔을 때 이미 30대였던 에릭슨은 어린 시절에는 덴마크에서, 철이 들고부터는 독일에서 자랐기 때문에 영어를 전혀 할 줄 몰랐고 겨우 백 개 정도의 단어를 알고 있었을 뿐이었다.

말도 통하지 않는 이국땅에서 일가를 책임지기 위해 그가 할 수 있는 일은 아동분석의 경험과 자격을 살려 활동하는 일이었다. 그런데 미국에서는 훈련을 받은 의사에게만 정신분석을 인정하고 있어, 김나지움을 졸업했을 뿐 대학조차 나오지 않은 에릭슨에겐 장래가 매우 불투명한 상황이었다. 그래도 그는 작은 셋집의 방 한 칸을 면담실로 꾸려 치료를 시작했다.

외국에서 온, 더구나 그 나라의 언어도 제대로 말하지 못하는 사람이 마음에 심각한 문제를 안고 있는 사람을 치료하려 했던 것이다. 이 시도는 과연 얼마만큼 승산이 있었을까. 그런데 기적이 일어났다. 그때까지 명성 높은 정신분석의가 오랜 세월 동안 치료를 해도 조금도 호전되지 않던 환자들이 현저한 개선을 보인 것이다.

그중 마서 테일러라는 여성은 심각한 자기부전감自己不全感으로 고통받고 있었다. 오늘로 말하자면, 경계성 인격장애나 의존성 인격장애 상태였다. 이 여성은 파리까지 가서 오토 랭크Otto Rank라는 유명한 정신분석의의 치료를 받은 적도 있었지만 상태가 그다지 나아지지 않았다. 그러다 빈에서 훈련을 받은 안나 프로이트의 제자가 미국에 있다는 말을 듣고 에릭슨을 찾아온 것이었다. 하지만 테일러가 맨 처음 놀란 것은, 볼품없는 진찰실의 모습은 물론이고 에릭슨 선생의 격식을 전혀 차리지 않는 태도였다. 상담 방식도 정식으로 안락의자를 갖추고 진행하는 게 아니라 그저 평범한 대화를 나누는 것이 전부였다. 진료 후에는 테일러를 자신의 가족에게 소개하기도 하고 함께 식사를 하기도 했다. 기존의 치료 방법과 비교해보면 모두 있을 수 없는 일뿐이었다.

게다가 에릭슨의 언어 능력은 아직 상당히 초보적인 단계였으므로 테일러가 알기 쉬운 단어로 말해도 에릭슨은 좀 더 쉬운 설명을 요구하곤 했다. 미국으로 온 지 일 년째라는 사실을 생각하면 에릭슨이 그녀의 말을 얼마만큼 이해했는지 몹시 의문이다. 에릭슨은 치료 명목으로 환자에게 영어 회화 수업을 받았다 말해도 좋을 정도였다. 그런데 놀랍게도 그녀는 자기부전감이 옅어지고 적극적인 자신감이 솟아나는 걸 느끼게 되었고 결국엔 증상이 완전히 호전되기에 이르렀다.

테일러가 안고 있던 문제의 밑바탕엔 애착장애에서 비롯된 정체성의 위기가 있었던 것이다. 에릭슨이 시도한 방법이 정말로 그러한 유형의 장애를 개선하는 데 상당한 효과가 있었던 건 아닐까.

치료에 효과적으로 작용한 것은 결코 정교한 언어 기능이 아니라는 사실은 틀림없다. 서로 나눈 대화의 내용도 그다지 중요하지 않을지도 모른다. 오히려 에릭슨이 그녀에게 보여준 무방비 상태의 친밀감과 거리낌 없는 태도가, 테일러가 안고 있던 애착불안을 누그러뜨리고 긴장을 풀어 자신의 문제를 말하고 스스로 받아들일 수 있게 한 것은 아닐까.

어떤 의미에선, 에릭슨이라는 존재 자체가 그녀에겐 그저 놀라움이었다. 학력도 재산도 사회적 지위도 없고 게다가 조국마저 없는 사람이 이국땅에서 밝은 얼굴로 열심히 일하고 있다는 사실이, 그녀를 속박하고 있던 불안이나 고정관념에서 자유롭게 풀어주고 자신의 발로 걸을 용기를 내게 한 것이리라.

하지만 에릭슨이 그저 참담한 이민자였다면 테일러에게 회복을 가져다주지 못했을 것이다. 에릭슨은 언어능력에 큰 어려움이 있었기에 오히려 테일러가 직면하고 있는 힘든 문제를 직감적으로 알아차릴 수 있었던 게 틀림없다. 이는 에릭슨도 같은 문제로 줄곧 괴로워하면서 그것을 극복해왔기 때문에 가능했던 것이다.

그를 괴롭힌 정체성 문제의 밑바탕에는 어머니나 이름도 알지 못하는 아버지, 그리고 양아버지와의 불안정한 애착 문제가 있었다. 에릭슨이 살아온 지금까지의 인생은 애착장애를 극복하기 위한 여정이었다고도 할 수 있다.

기적이 일어난 것은 테일러뿐만이 아니었다. 어떤 치료자나 사회복지사도 가망이 없다고 포기한 남자아이의 발달장애 상태가 실은 양육환경의 문제로 생긴 것임을 꿰뚫어 보고 병세를 호전시킨 일도 있다.

보통 대인관계에서 안정형 애착 유형의 사람끼리 파트너가 되면 매사 원활하다. 반대로, 불안정형 애착 유형의 사람끼리 맺어지면 사소한 일이 큰 싸움이 되고 상황이 불안정해지기 쉽다. 불안정형의 사람끼리보다는 어느 한쪽이 안정형인 커플이 관계의 안정성은 월등히 좋아지는 경우가 많다.

대학생 커플을 대상으로 한 연구에 따르면, 안정형과 불안정형의 커플은 안정형 커플에 못지않게 원만히 지냈다. 그에 비해 불안정형끼리의 조합에선 옥신각신하는 일이 많고 순조롭게 지내지 못하는 경향을 보였다. 안정형의 사람에겐 불안정형의 사람을 안정시키는 능력이 있는 것이다.

《바람과 함께 사라지다》의 저자인 마가렛 미첼Margaret Mitchell은 매력적이지만 불안정형 애착 유형을 지닌 여성이었다. 자신과 같은 유형의 남성과 결혼했는데 얼마 못 가 싸운 채로 헤어졌다. 그 괴로운 실패 후 재혼한 상대는 이전부터 그녀를 사랑하던 신문기자인 존 미첼이었다. 그는 아버지를 일찍 여의고 고학으로 신문기자가 된 인물이지만, 어머니의 애정을 한 몸에 받으며 자랐기에 불안정한 면은 조금도 없이 성실하고 올곧은 안정형 애착 유형을 지닌 사람이었다.

변덕스러운 마가렛 미첼에게 휘둘린 적도 있었지만 남편은 그녀에게 항상 변함없는 애정을 쏟았다. 이러한 남편과 맺어짐으로써 그녀는 점점 안정돼 갔다. 남편의 도움이 있었기에 대작 장편소설《바람과 함께 사라지다》를 완성하고 대성공을 이룰 수 있었던 것이다. 그녀는 성공했어도 예전과 달리 화려함이나 남의 눈에 띄기를 꺼려 했고, 오히려 가정생활을 소중히 여겼다. 그도 아버지를 여읜 체험을 했기 때문에 애착 문제에 전혀 무관하다곤 말할 수 없다. 하지만 자신이 애착의 상처를 극복한 경험이 있기 때문에 그녀의 애착불안을 받아들이고 든든한 버팀목이 될 수 있었던 건 아닐까.

에릭슨이 행한 치료가 유효했던 데에도 그 점이 중요하게 작용했을 것이다. 에릭슨 자신이 애착장애를 안고 그것을 극복하려 고뇌하면서 모색해온 경험이 마찬가지로 어려움을 겪고 있는 사람을 지원하는 데 도움이 된 것이다.

실제로 불안정형의 사람을 지지해주려고 열심히 애쓰는 것은, 같은 불안정형의 사람인 경우가 많다. 그 기분이나 고통을 누구보다 잘 알기 때문이다. 하지만 한쪽이 지나치게 불안하면 지지해주는 쪽마저 함께 쓰러지기도 한다. 결국, 상대를 단단히 지탱해주고 회복을 돕기 위해선 받쳐주는 쪽이 불안정형 애착을 어느 정도 극복한 상태여야 한다.

위대한 지도자 중에 애착장애를 극복한 사람이 많은 것도 그와 같은 이치이리라. 애착장애라는 근원적인 고뇌를 이겨낸 존재는 다른 사람을 치유하고 돕는 신비로운 능력을 지니고 있는지도 모른다. 에릭슨의 경우도 그렇지만, 반드시 '극복했다'는 완료형일 필요는 없다. 극복하는 과정에 있기에 한층 더 큰 힘을 발휘할 수도 있다. 덧붙이자면 그 사람 자신이 스스로 애착의 상처를 치유하기 위해서라도 다른 사람을 치유하는 일이 필요하다 할 수도 있다. 이를 통해 치유하는 쪽도 치유받는 쪽도 바람직한 방향으로 애착장애를 이겨나갈 수 있으리라.

애착장애라는 근원적인 고뇌를 이겨낸 존재는
다른 사람을 치유하는 신비로운 능력을 지니고 있는지도 모른다.

변함없는 사랑만이
우리를 구원한다
안전기지가 되어주는 존재

애착의 원점은 부모와의 관계에서 생성되고, 애착장애는 그 과정에서 문제가 생긴 것이다. 애착장애를 회복하려면 부모와의 관계를 개선하는 방법이 가장 바람직하다. 부모 중엔 자녀에게 문제가 표면화되면 자신이 자녀에게 관여하는 방법을 바꾸려고 노력하는 사람이 있다. 그래서 아이도 부모도 크게 성장하고 관계가 좋은 방향으로 변화함으로써 다른 문제도 안정돼 간다.

반면 부모도 불안정한 애착 문제를 안고 있는 경우가 많아 자신의 문제로 받아들이려 하지 않고 아이의 잘못으로만 인지하여,

아이에게 부정적인 태도를 유지하는 부모도 있다. 이러한 경우, 아이는 좋은 방향으로 바뀌다가도 다시금 상처를 입게 되어 회복에 지장을 초래하곤 한다. 부모가 좋은 방향으로 바뀌어 가는 경우에도 처음 단계에선 아이의 문제로 간주하고 부모 쪽이 아이에게 상처받았다고 생각하기도 한다. 하물며 바뀌려 하지 않는 부모의 경우는 더욱더 그러하다.

이러한 상황 때문에 부모의 협력을 얻을 수 없는 경우도 종종 있으며, 얻을 수 있다고 해도 무슨 일이 일어나고 있는지를 설명하고 단추를 잘못 끼웠다는 사실을 일깨워줄 제3자가 필요하다. 결국엔 애착장애를 극복해가는 데 이러한 제3자의 관여가 불가피하다 말해도 좋을 것이다. 제3자가 일시적으로, 경우에 따라선 몇 년씩 부모가 해주지 못한 역할을 대신 떠안아야 한다. 그렇게 함으로써 아이는 애착을 다시 맺는 체험을 하면서 불안정형 애착을 안정형 애착으로 바꿔나갈 수 있다.

이때 가장 중요한 것은 제3자가 안전기지로서 기능해야 한다는 사실이다. 부모를 대신한다는 것은 모든 것을 다 보살펴야 한다는 의미가 아니라 안전기지가 된다는 뜻이다. 안전기지는 무슨 일이 생겼을 때 기댈 수 있고 자신을 지켜줄 수 있는 피난처이며 안심할 수 있는 거처이자 마음의 버팀목이 될 수 있는 존재다. 그리고 바깥세계를 탐색하기 위한 베이스캠프이기도 하다. 분쟁이나 위험이 생기면 도망쳐 와서 도움을 요청할 수 있지만 언제나 그곳에 얽매일 필요는 없다.

마음이 불안정하고 허전함을 느끼는 동안은 안전기지에 빈번히 기대고 그 도움을 필요로 하겠지만, 마음이 안정되고 자신감을 회복함에 따라 그러한 횟수도 줄어들고 점차 자신의 의지로 행동할 수 있게 된다. 한층 더 시간이 지나면 마음속에서 안전기지를 상상하는 것만으로도 충분한 효과를 얻게 되어 실제로 기댈 일은 없어질 것이다. 그것이 바로 궁극적인 안전기지다. '안전기지를 갖지 못한 장애'라고도 말할 수 있는 애착장애를 극복하기 위해선 좋은 안전기지가 되어주는 존재가 반드시 필요하다.

자신이 애착불안이 너무 심한 탓에 가까운 사람이 곁을 떠나는 일은 애착장애를 가진 사람이 자주 겪는 일이다. 그렇게 되지 않으려면 지나치게 강한 애착불안을 절제하는 방법을 익혀야 한다. 반대로, 상대도 그 사람의 상황을 이해하고 애착불안을 완화시킬 수 있는 교류관계를 이룰 수 있도록 더욱 마음을 써야 한다.

그럼 좋은 안전기지가 되기 위해 중요한 조건은 무엇일까. 그 조건으로 다섯 가지가 있다.

첫째는 안전감을 보장하는 일이다. 이것이 가장 중요하다는 사실은 말할 것도 없다. 애착 문제가 있는 사람에겐 함께 있어도 상처받을 일이 없다는 믿음이 최우선 조건이다.

둘째는 감수성이다. 공감성이라 해도 좋다. 애착 문제를 지닌 사람이 무엇을 느끼고 무엇을 추구하는지를 관찰하고 그에 공감해줘야 한다. 감수성이 부족하면 상대의 기분을 알아채기 힘들고 필요없는 말을 입 밖에 내서 오히려 상대를 상처 입히거나 어이없는 대응으로 역효과를 초래하기 쉽다.

셋째는 응답성이다. 이는 상대가 원할 때 바로 대응하는 것을 뜻한다. 만일의 경우 '보호받을 수 있다'는 안도감과도 관련이 있다. 상대가 원하지 않을 때 굳이 필요 없는 일을 하는 것도 응답성에서 벗어난다. 상대의 주체성과 책임을 침해하지 않는 것도 중요하다. 상대가 해야 할 일까지 대신 해주는 행동은 절대로 피해야 한다. 안전기지는 '게으른 자의 낙원'이 아니다. 단지, 상대가 상처 입고 약해져 있을 때 일시적으로 토닥여주는 일은 해도 좋다. 감수성도 응답성도, 기본은 수동적인 자세다. 자신이 주도하는 사람은 좋은 안전기지가 되기 어렵다. 본인이 마음속에서 원하는 걸 말하지 않더라도 세심히 관찰해 표현하지 않고 자연스럽게 손을 내미는 게 바람직하다.

넷째는 안정성이다. 상대의 요구에 응했다가 응하지 않다가 하는 식으로 변덕스럽다거나, 그때그때의 형편에 따라 달라지는 일 없이 가능한 한 일관성 있게 대응해야 한다. 그래야 결국은 무엇이든 이야기할 수 있다. 상대가 어떤 일을 숨기거나 삼가지 않고 마음에 품고 있는 생각을 모두 털어놓을 수 있도록 유도해야 한다.

마지막 조건은 지금까지 꼽은 네 개의 조건이 모두 충족돼야 비로소 달성할 수 있을지도 모른다. 즉 '무엇이든 말할 수 있는' 상태가 유지되느냐 아니냐가, 좋은 안전기지가 되느냐 아니냐의 기준이라 할 수 있다. 무엇이든 말할 수 있는 사람을 찾는 일은 심신의 건강을 지키기 위해 그리고 애착장애의 극복을 위해 꼭 필요하다. 가족, 친구, 연인, 배우자, 교사, 종교 지도자, 카운슬러 등 누구라도 좋다. 상처받거나 설교를 듣거나 비밀이 새어나갈 염려 없이 무엇이든 말할 수 있는 사람을 갖는 것이, 바로 그 변화를 일으키는 첫걸음이다.

안전기지가 되는 존재를 전혀 갖지 못하는 사람도 있을 것이다. 그러한 사람에겐 책이나 인터넷 세계가 가상의 안전기지가 될 수도 있다. 자신을 표현하고 그에 응답받을 수 있는 블로그나 채팅도 안전기지가 될 요소를 갖추고 있다. 다만, 거기에는 상처받을 위험 또한 도사리고 있다는 걸 유념하자.

자신의 일을 무엇이든 털어놓을 수 있는 사람과의 만남은 애착장애의 극복에 상당히 중요하다. 그러한 사람이 안전기지로서 기능해준다면 말하는 행위 자체가 큰 치유가 된다. 그때까지 단편적이고 제각각이었던 사고가 하나로 합쳐지면서 상처나 왜곡이 아물어가는 일련의 과정이 시작된다.

하지만 상대가 충분한 안전기지가 되지 못한다거나 애착의 상처가 깊은 경우, 자신의 이야기를 모두 꺼내놓으면 상대에 대한 불안이나 의심을 불러일으켜 오히려 불안정해지거나 다시 마음의 문을 닫을지도 모른다. 애착불안이 강한 사람은 한 번에 모조리 털어놔야겠다는 충동에 쫓겨 성급하게 고백을 하는 경향이 있다. 하지만 그것은 자신의 치부를 상대에게 드러내 보일 뿐 상대를 당황하게 하고 대등한 관계를 구축하는 데 방해가 된다.

반대로 회피형의 사람은 자신을 드러내 보이는 데 지나치게 신중해서 모든 준비가 다 되어 있는데도 발을 내딛지 않을 확률이 높다. 그러한 태도가 상대에겐 관심이 없는 것으로 해석돼 엇갈림으로 끝나고 마는 일도 생긴다. 하지만 느긋하게 계속 다가가면 회피형의 사람도 어느새 안전기지로 받아들이게 될 것이다. 오래도록 안전기지가 되기 위해서 애쓰는 일이 무엇보다도 중요하다.

"정말 좋은 사람이에요"

애착장애를 가진 사람의 대부분은 해결되지 않은 애착의 상처를 안고 있다. 회피형처럼 꽁꽁 얼어붙은 마음으로 상처와 마주하기를 피하든, 불안형처럼 버림받을지도 모른다는 불안이 하루하루의 생활을 위태롭게 하든, 진정한 의미에서 안정되고 균형 잡힌 애착 유형을 갖기 위해서는 해결되지 않은 상처를 회복해야 한다.

애착의 상처는 다양하다. 어릴 때 부모에게 버림받은 일, 부모와 사별한 일, 부모와 떨어져 살아야만 했던 일, 부모에게 방치되거나 학대받은 일, 부모의 이혼이나 싸움을 목격한 일, 부모가 무기력한 모습을 보이거나 재혼에 의해 부모의 애정을 다른 존재에게 빼앗긴 일, 부모가 자신보다 다른 형제만 편애한 일, 부모에게 언제나 부정당한 일, 부모의 사정이나 기대만 강요받은 일 등이다.

애착의 상처를 회복하는 과정은 단지 그것을 자각하고 인지적인 수정을 이행하면 되는 단순한 일이 아니다. 본인이 아무리 적극적으로 인지적인 수정에 힘을 쏟는다 해도 그것만으론 애착의 상처가 치유되지 않는다. 인지적인 수정보다도 훨씬 중요한 과정이 있다. 그 과정은 바로 어릴 때 부족했던 것을 되찾는 일이다.

우리는 종종 '어릴 때부터 다시 시작하고 싶다'든가 '유치원 시절로 되돌아가고 싶다'는 말을 하는데, 거기에는 깊은 진심이 담겨 있다. 실제로 애착장애를 안은 사람이 회복해가는 과정에서 어릴 때의 상태나 문제를 순차적으로 재현하면서 아동기, 사춘기, 청년기의 단계별로 성장을 이뤄가는 모습은 놀랍게 느껴진다.

애착장애를 안고 있는 사람이 상처를 치유하는 과정에서 '어머니와 함께 자고 싶다'라든가 '안기고 싶다'고 말하는 경우가 있다. 이것은 어릴 때의 심리상태가 재현돼 그때 받지 못했던 애정을 지금 받음으로써 상처를 치유하고자 하는 것이다.

상처를 회복하려면 우선 어릴 때의 심리 상태를 드러내야 한다. 말하자면, 단단한 껍질로 덮여 있는 마음의 상처도 껍질 부분이 부드러워져야 회복 가능한 상태가 된다. 마음이 유연해졌을 때 어린아이처럼 다정하게 감싸주며 잃어버린 시간을 조금이라도 되돌리려는 노력이 중요하다.

어린아이로 돌아간 듯 응석을 부리거나 버릇없이 말하는 등 부모를 곤란하게 하던 시기와 똑같이 행동함으로써 점차 안정을 되찾게 된다. 이러한 모습을 옆에서 바라보면 성장이 후퇴한 것처럼 보일 수도 있다. 무슨 일이 일어나고 있는지 그 의미를 알지 못하는 사람에겐 단지 '악화'로 비칠지도 모른다. 하지만 그 의미를 아는 사람은 분명히 그것이 회복의 첫걸음이라는 걸 알아차린다. 완벽하게 어린 시절로 돌아가 함께 행동하는 것이 중요하다.

하지만 현실에선 여러 가지 이유로 부모가 자식에게 모든 애정과 관심을 쏟아붓고 함께 교류하기 어려운 게 사실이다. 그 과정에서 애착의 상처를 치유하기는커녕 오히려 다시 상처를 입히기도 한다. 애착의 상처는 몸의 상처 이상으로 치유하는 데 시간이 꽤 걸리기 때문이다.

심지어 아이가 성인이 되면 부모와 따로 살거나 여러 가지 이유로 인해 이러한 상처 회복을 위한 노력 자체가 불가능해진다. 이런 경우 부모를 대신해 회복에 도움을 줄 사람이 필요하다. 연인이나 배우자가 가장 좋지만 사람에 따라선 치료자나 교사, 종교가, 선배나 동료 등 다양한 조력자가 이러한 역할을 맡아주기도 한다.

가와바타 야스나리의 작품《이즈의 무희》는 가와바타가 안고 있던 애착장애의 관점에서 보면, 틀림없이 상처 입은 애착을 치유하는 내용이라고 할 수 있다. 당시 가와바타는 도쿄로 올라와 제1고교에 입학했지만 주위 환경에 적응하지 못하고 고뇌했다. 자기연민과 자기혐오 사이에서 상처받기 쉬운 자존심을 끌어안은 채 그러한 자신이 싫어서 누구에게도 마음을 열지 못하는 상황이었던 것이다. 가와바타는 애착하는 상대를 잃고 안전기지가 되어줄 안식처도 찾지 못한 채 고립감과 소외감에 괴로워했다.

그러던 어느 날, 가와바타는 기숙사의 그 누구에게도 행선지를 알리지 않고 돌파구를 찾기 위해 이즈伊豆(시즈오카 현 동부에 위치한 시_역주)로 여행길에 올랐다. 그곳에서 유랑극단을 만났고 가와바타는 그 일행 중 무희에게 연모를 느끼게 되었다.《이즈의 무희》는 이때의 경험을 바탕으로 썼다. 극단 일행과 여정을 함께하면서 주인공은 마음이 들뜨고 어딘가 동심으로 돌아간 듯한 체험을 통해 자신을 점차 받아들일 수 있게 됨을 느꼈다. 그러한 마음의 변화를 상징하는 대화가 다음의 유명한 단락이다. 무희가 동료들에게 주인공에 대해 이야기하는 장면이다.

"좋은 사람이에요."

"그렇군. 좋은 사람 같아."

"정말 좋은 사람이에요. 전 그런 사람이 좋아요."

이 말투는 단순하면서도 솔직한 울림을 지니고 있었다. 치우치는 감정을 미숙한 채로 휙 드러내는 듯한 목소리였다. 나도 나 자신을 좋은 사람이라고 순순히 느낄 수 있었다. 기분 좋게 고개를 들어 환한 산등성이를 바라봤다. 눈꺼풀 안쪽이 살짝 떨렸다. 20세인 나는 내 성질이 고아 근성으로 비뚤어져 있어서 냉정히 반성을 거듭하며, 그 숨막히는 우울감을 견딜 수 없어 이즈의 여행길에 올랐던 것이다. 그러니 평범한 세상 사람들의 눈에 내가 좋은 사람으로 보였다는 말은 더할 나위 없이 고마운 일이었다.

애착장애를 가진 사람은 자신이 타인에게 받아들여질 수 있다고 쉬이 믿지 못한다. 자신과 같은 사람은 누구에게도 사랑받지 못할 것이라는, 나조차 싫어하는 나 따위를 다른 사람이 싫어하는 건 당연하다는 근원적인 자기부정에 사로잡히기 쉽다.

다른 사람을 믿을 수 있으려면 다른 사람이 자신의 가치를 긍정해주는 경험이 중요하다. "정말 좋은 사람이에요. 전 좋은 사람이 좋아요"라는, 순수하고 기대감이 들어 있는 이 긍정의 말만큼 가와바타가 안고 있던 애착의 상처를 치유해준 것은 없었다. 그의 자기부정이 근원적인 것과 마찬가지로, 이 말은 무조건적이고 근원적인 긍정이었기 때문이다.

이즈의 여행에서 돌아온 가와바타는 그때까지의 괴로웠던 생활에 종지부를 찍고 적극적으로 사람을 사귀면서 사회적 체험을 넓혀갔다. 받아들여지고 가치를 인정받았던 체험이 회피적인 유형을 수정하는 데 하나의 계기가 됐던 것이다.

장 주네와 같이 심각한 문제를 가진 인물의 회복 과정을 봐도 마찬가지다. 도둑질을 자신의 정체성으로 삼았던 장 주네는 어떻게 도둑질에서 발을 빼고 정의를 위해 싸우는 길로, 그의 충동을 승화시킬 수 있었을까. 20년 이상에 걸친 상습적인 도벽을 극복하는 일은 쉽지 않았을 것이다. 주네의 천재성을 최초로 발견한 장 콕토도 거듭되는 그의 체포와 수감에 마음이 멀어졌다. 하지만 장 주네를 버리지 않은 동료도 있었다. 그들은 급진적인 정치 활동가와 동성애자였지만 주네에게 휘둘리면서도 그의 모든 것을 받아들이고 계속 지지했다. 그들이 주네의 안전기지가 됐던 것이다.

도둑질을 그만두고 나서도 주네는 때때로 친한 사람의 물건을 훔쳤다. 기묘하게 여겨질지도 모르지만 주네는 거의 물욕이 없는 사람이었다. 그는 자신의 배를 채우기 위해 도둑질을 한 것이 아니었다. 동료들은 그의 행동을 일종의 커뮤니케이션으로 받아들였다. 도벽조차도 긍정적인 행위로 받아들여지자 마침내 주네는 도둑질을 그만둔 것이다.

〈타이거 마스크〉라는 만화영화의 주인공 다테 나오토伊達直人와 고아원 '꼬마네 집' 아이들의 관계에서도 같은 예를 찾을 수 있다. '꼬마네 집'에서 자라난 다테 나오토는 강해지고 싶다는 일념으로 악역인 복면 레슬링 선수 '타이거 마스크'가 되지만 고아원 아이들 앞에선 약하고 다정한 형으로 행동한다. 그리고 아이들의 순수한 사랑에 구원받은 타이거 마스크는 아이들의 꿈을 이루기 위해 규칙을 깨뜨리고 정의의 레슬링 선수로 살아가는 시련의 길을 선택한다. 아이들이 기대하는 순수한 애착이 지켜야 할 절대적인 가치가 되었기 때문이다. 바꿔 말하면, 누군가를 사랑한 적도 믿은 적도 없었던 청년이 아이들과의 관계 속에서 치유되고 다시 사람을 신뢰할 수 있게 된 것이다. 그것은 틀림없이 애착의 회복이 이뤄졌다는 뜻이다.

상처를 회복하려면 어릴 때의
심리 상태가 드러나는 일이 전제돼야 한다.

동심의 회복

가와바타 야스나리는 23세 때 카페에서 일하던 이토 하쓰요伊藤初代라는 일곱 살 연하의 소녀를 만난다. 이토는 쾌활하고 밝은 소녀였지만 때때로 쓸쓸한 표정을 지어보였다. 실은 이토도 어릴 때 어머니를 여의고 그 후 아버지와도 이별한 슬픈 성장과정을 겪었던 것이다. 자신과 같은 경험이 있다는 사실에 공감대를 이뤘던 걸까. 아니면 이즈에서 만났던 무희의 모습과 겹쳐졌던 걸까. 가와바타는 이 소녀에게 깊이 빠졌고 마침내 결혼 약속까지 주고받는다. 그때의 심경을 가와바타는 《남방의 불》이라는 작품에서 토로하고 있다. 그가 이토와의 사이에 그리던 결혼생활은 '남편이 되고 아내가 되는 일'이 아니라 '두 사람 모두 아이가 되는 것'이며 '동심으로 놀며 장난치는 것'이었다고 한다. 두 사람 모두 어린 시절에 가정을 잃어 "진짜 동심으로 살아본 적이 없다. 그래서 두 사람이 힘을 합쳐 그 묻힌 동심을 찾아내고 싶었다"고 한다.

"어린 시절 아이답게 지내지 못한 것이 평소에 얼마나 내 마음을 비뚤어지게 하는가!" 하고 괴로워하던 그는 결혼으로 그 아픔을 치유하고자 마음먹으면서, 비로소 자신 앞에 환한 인생의 길이 보이는 듯한 기쁨을 느꼈던 것이다. 그는 어린 아내를 아이처럼 놀게 하여 동심을 맛보게 하고 그 자신도 동심을 되찾을 수 있다고 꿈꿨다.

가와바타는 결혼생활에서 무엇을 추구하려 했을까. 그는 의식적 또는 무의식적으로 자신이 안고 있던 애착의 상처를 회복하는 데, 어린 소녀와의 소꿉놀이 같은 생활이 도움을 줄 것이라고 본능적으로 감지했던 것이다. 어린 소녀에게 집착하는, 이른바 롤리타 콤플렉스를 지닌 남성은 거의 예외 없이 애착장애를 겪었으며 가와바타처럼 만족하지 못하고 잃어버린 어린 시절을 되찾으려 한다. 이는 상처받은 사람이 회복을 하기 위한 시도인 것이다.

《이즈의 무희》의 세계에도 역시 순수한 어린 시절로 돌아가는 감정이 그려져 있는데, 그 감정은 치유로서 애착의 상처에 작용한다. 하지만 이러한 시도는 때때로 환영에 그치고 만다. 이토를 향한 마음도 한 통의 편지로 꿈처럼 사라져버렸다. 그녀가 이유도 밝히지 않은 채 일방적으로 결혼 약속을 파기하고 자취를 감춘 것이다.

그녀 또한 마음속에 상처를 감추고 애착회피와 애착불안이 뒤섞인 불안정한 애착을 겪고 있었다. 그녀가 무엇을 느끼고 무엇을 원했는지는 애착의 관점에서 보면 짐작이 간다. 그녀가 지닌 트라우마는 어쩌면 성적인 것이었는지도 모른다. 불결한 자신이 결벽성이 있고 순수한 가와바타에게 과연 사랑받을 수 있을지 불안했던 것이다. 아니면 그녀는 가와바타가 정말로 자신의 보호자가 될 만한 존재인지 시험하려던 것인지 모른다. 하지만 가와바타에겐 그 난관을 무릅쓰고 밀고나갈 의지가 없었다. 가와바타가 꾸던 소꿉놀이의 꿈과, 그녀가 지닌 깊은 상처 사이엔 메우기 어려운 거리가 있었다.

가와바타의 '동심의 회복'이라는 소망은 애착장애를 치유하는 방법으로 하나의 실마리를 제시한다. 실제로 애착장애를 가진 사람은 회복해가는 과정에서 동심을 되찾는 단계를 경험한다. 위니콧이나 에릭슨과 같이, 애착장애를 안고 있는 치료의 달인들도 놀이나 표현을 중시했으며 또 그것이 실제로 꽤 유용했다. 그 이유도 '동심의 회복'에 있을 것이다.

나쓰메 소세키는 정신이 불안정한 시기에 종종 그림을 그렸다. 뛰어난 그림은 아니었지만 그래도 그가 매우 열심히 그린 것을 보면 분명 마음의 안정에 도움이 됐기 때문일 것이다. 소설을 쓰면서도 해소하지 못한 무언가를 비언어적 표현 행위를 통해 해소하려 한 것이다.

아이처럼 응석을 부리고 싶어 하기도 하고 동요와 어린이책을 줄곧 찾기도 했다. 방랑을 반복했던 20대 청년은 유아용 잡지를 구독하며 안정을 되찾는다. 어릴 때 그런 잡지를 읽지 못해서 그 결핍을 채우고자 한 행동인 것이다.

사람은 어릴 때 부족했던 것을 보완함으로써 성장의 편향을 스스로 수정하려 한다. 그런 부족함 없이 자란 사람의 눈에는 이러한 행위가 언뜻 별나고 우스꽝스럽게 비칠지도 모르지만, 그 속에 담긴 것은 왠지 모를 슬픔이나 쓸쓸함이며 채워지지 않는 상념이다. 어린 시절의 부족한 부분을 될 수 있는 한 빠른 시기에 채운다면 어느 정도 안정을 되찾을 수 있다. 그 적당한 최종 한계 시기는 바로 청년기일 것이다.

다만, 애착회피가 강한 유형과 애착불안이 강한 유형은 각각 안도감을 얻는 방법이나 치유법에서 큰 차이가 있다. 애착회피가 강한 가와바타에게 중성적인 동심의 세계는 안심과 치유를 주는 안전한 피난처가 되었다. 하지만 애착불안이 강한 이토에겐 그것이 애매하고 공중에 매달린 것 같은 불안한 상황에 지나지 않았을 것이다. 가령 두 사람이 결혼했다 하더라도 서로 엇갈린 결말은 피하지 못했을 것이다.

상처받은 애착의 회복
자기치유 작업

애착장애를 지닌 사람은 회복돼 가는 과정에서 그 상처가 깊을수록 자신을 지지해주는 사람에게 기대려 하는 한편, 반항적인 행동이 눈에 띄는 시기가 있다. 일부러 무시하거나 분노를 보이기도 한다. 상대의 관심이 만족할 만큼 자신을 향하지 않는 데 대해 화를 내는 것이다. 그러면서도 자신은 순순히 기대지 않고 무뚝뚝한 태도를 취하며 상대에게 불쾌한 감정을 맛보게 하려 한다. 이 시기가 회복으로 가는 과정에서 가장 중요한 국면이라 할 수 있다. 이때 지지하는 사람이 화를 내거나 거부 또는 부정적인 반응을 보인다면 모든 노력이 물거품이 되고 만다.

이처럼 반항하는 마음에는 두 가지 단계가 있다. 지지해주는 사람의 애정을 더 많이 원하면서도 참고 있거나 자신을 돌아봐주지 않는 것에 대해 분노하는 단계와, 조금 더 성장해 지지해주는 사람의 기대를 성가시게 여겨 거리를 두려 하는 단계다.

특히 후자의 단계는 의존하고 있는 애착 대상에게서 분리와 자립을 이뤄가는 큰 과제를 마주한 때라 할 수 있다. 이때 본인은 기대에 어긋나 버림받을지도 모른다는 불안과, 의존에서 벗어나 책임 있는 존재로서 자립하고 싶다는 욕구 사이에서 딜레마를 느낀다. 이러한 양면적인 갈등을 극복하려면 지지하는 사람이 반항을 허용하고 받아들이면서 그에 동요하지 않고 본인의 마음을 인정해주는 것이 중요하다.

하지만 부모나 연인, 배우자 등 지지해주는 사람 자체가 애착 불안을 안고 극복하지 못한 경우는, 상대가 반항하거나 거리를 두려 하는 일을 허용하지 못한다. '이렇게 해줬는데 배신당했다' '은혜를 원수로 갚다니!' 하는 마음에 사로잡히고 마는 것이다.

그럴 때 부정적인 태도를 보인다거나 본인이 없는 곳에서 험담을 하고, 분노하는 마음을 말로 표현하는 등의 행동을 취하는 일도 실제로 일어난다. 그러면 결국, 상처받은 애착을 회복하기는커녕 또 한 번 상처 입는 일이 생길지 모른다. 그러한 함정에 빠지느냐, 아니면 진정한 회복을 향하느냐는 이 단계를 극복할 수 있느냐 없느냐에 달려 있다. 상대의 반항이나 배반도 긍정적으로 판단하고 그 밑바탕에 자리한 마음을 호의적으로 받아들이자. 그리고 자신의 생각대로 되지 않는 것은 자립의 증거라 여기고 오히려 기뻐해주자.

애착의 상처를 회복하기 위해선 안전기지를 확보하고 어린 시절의 결핍을 채워주는 지지자 역할을 하며 공감해주는 과정과는 별개로, 또 하나의 과정이 필요하다. 그것은 바로 언어를 개입시킨 인지적 과정이다. 이들을 병행해서 진행한다면 회복까지의 과정은 훨씬 더 탄탄해질 것이다.

어린 시절 상처받은 체험은 대개 마음 한구석에 확실히 언어화되지 않은 채 가물가물한 기억으로 자리 잡고 있다. 이렇게 불충분한 언어로 형상화된 정서적 기억이 그 사람의 마음과 행동을 무의식 중에 지배하여 부정적인 반응과 감정의 폭주 또는 해리를 일으키는 원인이 된다. 그러므로 우선, 그러한 기억을 다시 활성화할 필요가 있다.

처음에는 단편적으로밖에 떠올릴 수 없겠지만 기억을 조금씩 말하게 해 지지하는 측이 공감하며 받아들이는 과정이 필요하다. 이때 떠올리기 싫은 사건의 기억을 더듬어가면서 당시 어떤 마음이었는지를 그 사람의 언어로 말하게 하는 것이 중요하다. 질문을 받아도 금세 대답하지 못할 수도 있다. 아직 한 번도 말로 표현하지 못하고 단지 상처받은 기억만이 슬픔이나 분노라는 강한 정서와 함께 고름처럼 뭉쳐 있기 때문이다.

필요한 것은 그 고름을 짜내 밖으로 내보내는 일이며, 그러기 위해선 그때 겪은 기억을 부정적인 정서와 함께 토해낼 필요가 있다. 언어화하는 과정에서 처음에는 '별로 상관없다' '신경 쓰지 않는다'는 말로 문제의 존재 자체를 부인하기도 한다.

그 단계를 넘어서면 이제 부정적인 감정만 표현하는 단계로 넘어간다. 이 단계에선 상처받은 분노와 슬픔에 갖가지 원망을 담아 몰아치듯 이야기를 쏟아낸다. 그것은 상처가 깊으면 깊을수록 또 상처를 받았던 기간이 길면 길수록 오랫동안 계속된다. 그때 집요하리만치 부정적인 감정이 표출되는데 이 단계가 회복에 큰 도움이 된다.

애착장애의 회복 과정에서 안전기지의 존재가 중요하다는 사실은 앞에서도 말했지만, 그것은 자신의 성장과정이나 상처받은 체험과 마주하면서 봉인해온 과거를 정리하고 통합해 바로잡는 작업으로, 안전기지라는 존재의 개입과 중재가 반드시 필요하기 때문이다. 그 작업은 친구나 연인을 상대로 이뤄지기도 하고 배우자의 힘을 빌려 가능해지기도 한다. 부정적으로 반응하지 않고 있는 그대로 받아들여주는 존재에게, 자신의 신상에 일어난 일을 기억과 함께 다 털어놓는 게 중요하다.

이러한 작업이 치료의 일환으로서 이뤄질 때는 주로 전문의가 그 역할을 담당한다. 전문의는 환자의 내면에 응어리로 맺혀 있는 상처를 하나하나 재발견하여 큰 '이야기'로서 통합하는 작업을 동시에 실행해야 한다.

나쓰메 소세키의 아내 교코는 의사에서 정부 고관이 된 인물의 딸로 귀하게 자라났기 때문에 가정의 살림살이에 상당히 부담을 느꼈다. 게다가 남편은 가정일에 비협조적이었다. 그와 함께 구마모토에 있을 때 교코는 완전히 우울증이 되어 강물에 뛰어들어 죽으려 한 일도 있었다.

교코는 종종 악처의 대명사처럼 사람들 입에 오르내리곤 하지만, 실제로는 나쓰메 소세키 쪽에도 상당히 문제가 있었다. 분명히 교코의 우울증이나 히스테리가 그를 괴롭힌 건 사실이지만 그 후 그가 신경쇠약에 걸려 교코에게 나가라고 다그치거나 못되게 굴 때에도, 그녀는 줄곧 남편의 곁에 머물렀다. 교코는 부모에게 계속 버림받았던 그의 애착의 상처와 싸우고 있었다고 할 수 있다. 나쓰메 소세키가 신경쇠약과 위궤양을 반복하면서도 죽음 직전까지 자택의 서재에서 생산적으로 일을 계속할 수 있었던 건 그곳이 불완전하긴 해도, 안전기지로서 기능하고 있었기 때문일 것이다. 곁에서 애착장애의 상처를 치유해주는 일이 얼마나 어려운지를 말해준다.

결국, 나쓰메 소세키가 피난처로 택한 것은 글쓰기였다. 그가 창작을 하게 된 것은 교코가 자살을 시도했던 구마모토 시절부터 였으며 처음엔 주로 하이쿠를 지었다. 런던 유학 때는 왕성하게 영시를 써서 일본어론 말하기 껄끄러운 내면의 느낌을 자유롭게 토로하기도 했다. 그리고 귀국한 지 얼마 후 창작회에 들어간 것이 계기가 되어 소설《나는 고양이로소이다》를 통해 자신의 일상을 그렸고, 이때부터 작가 소세키가 탄생하게 되었다.

글을 쓰는 행위는 어떤 의미에선, 애착장애의 자기치유를 위한 시도라 할 수 있다. 고독하게 글을 쓰는 행위는 모든 것을 받아주는 상대에게 말하는 행위에 비하면 부자유스러울 뿐더러 애착의 상처를 해소하는 데 반드시 성공하는 것도 아니다. 하지만 작가는 어쩔 수 없는 충동에 이끌려 계속해서 글을 쓸 수밖에 없다. 무엇을 써도 허용되는 종이나 모니터라는 안전기지에 의지할 뿐이다.

장 주네의 경우도 자기치유 작업은 창작이라는 형태로 이뤄졌다. 아이러니하게도 그가 가장 왕성하게 창작활동을 한 것은 형무소에 수감돼 있을 때였다. 그의 창작활동은 분명히 인생의 전환기에 이뤄져 인생의 방향을 돌리는 데 큰 역할을 했다.

그와 동시에 발전적인 것은, 친구들에게 자신의 과거를 털어놓은 일이다. 주네가 진심을 다해 있는 그대로의 자신을 드러낸 대상은 철학자 장 폴 사르트르Jean Paul Sartre였다. 주네는 몇 시간이고 자신의 성장과정과 겪어 온 감정에 관해 적나라하게 말을 이어갔다. 사르트르는 그에 관한 분석을 《성聖 주네》라는 작품에 정리했다. 주네는 그 글을 읽고 적지 않은 충격을 받았다고 한다. 이후 주네의 마음속에 있었던 격한 감정에 변화가 생겼다는 사실을 많은 사람이 인정하고 있다.

어떤 의미에서 소설가 주네는 애착장애의 회복과 더불어 그 천재적인 창조력을 잃었다고도 말할 수 있을 것이다.

과거와의 화해

과거의 상처와 마주하는 과정을 밟아 가다 보면 어느 시기부터 변화가 보인다. 부정적인 체험을 모두 털어놓은 후, 즐거웠던 경험이나 부모 또는 양육자가 자신을 위해 애쓴 일을 떠올리기 시작하는 것이다.

그때부터 차차 부모의 부정적인 기억뿐 아니라 좋았던 점이나 사랑받았던 일도 마주하게 된다. '모든 게 나빠' 하고 전부 부정하는 게 아니라 비록 나쁜 점이나 채워지지 않은 부분도 있었지만 부모는 나름대로 노력하고 애정을 쏟았다는 사실을 느끼게 된다. 또는 당시 부모가 제대로 사랑을 줄 수 없는 사정이 있었다는 걸

전체적인 관점에서 받아들이게 된다.

이때 부모를 미워하는 게 아니라 사랑하고 있다는 사실을 깨닫기도 한다. 부모를 사랑하고 갈구하고 있기에 미워하는 마음도 생긴 것이라는 사실을 인정한다. 그래서 애초의 슬픔과 분노의 이야기는 어느새 사랑과 용서 그리고 희망의 이야기로 전환되고 그 감정을 함께 받아들여주는 존재와 공유함으로써 그 사람을 얽매고 있던 속박은 차차 해소되고 더욱 현실적인 힘으로 바뀌어간다. 자신이 부모에게 상처를 준 일을 사과하고 싶어 하거나 지금까지 키워준 데 대해 감사의 마음을 전하려 한다든지, 화해하려는 경우도 많다.

부모 쪽에서도 양보하고 좀 더 자녀에게 다가서려 한다면 사태는 극적으로 호전되고, 안정화와 진정한 자립을 이루는 데 시간을 앞당길 수 있다. 부모와 화해할 수 있게 되었을 때 비로소 자신과도 화해할 수 있다. 그때까지 자신을 지나치게 부정적으로 생각하고 있었지만 이제는 자신을 받아들이고 자신감을 가질 수 있게 되는 것이다. 부모에게 부정적인 견해나 악감정을 가진 일은 부모가 자신에 대해 부정적이었다는 사실의 반영이며, 그것은 다시 자신을 부정하는 일로 이어진다. 이러한 현상을 단지 부정적인 인지의 문제라 하기보다는 애착을 사이에 둔 정서와 결부된 문제라는 관점이 더욱 강한 설득력을 지닌다.

애착장애를 극복하는 과정에 '과거와의 화해'는 아주 효과적이다. 애착 대상에 대한 부정적인 얽매임에서 벗어나 자기긍정감을 되찾기 위해서 이 단계는 매우 중요한 의미를 지닌다. 이를 통해 자신을 부정하고 학대한 부모나 자신을 저평가했던 부모와 입장이 바뀌기도 한다.

심리학자 에릭슨은 어머니의 재혼으로 인해 의사인 의붓아버지 밑에서 자라났다. 대학에 진학하지 못하고 예술계로 나간 에릭슨은 부모에게 못난 자식이었고 골칫거리로 취급받았다.

그러한 부모와의 관계가 개선되기 시작한 것은, 비유대인이었던 아내와의 결혼을 부모가 흔쾌히 허락해준 뒤부터였다. 에릭슨은 좋은 반려자를 얻음으로써 비로소 부모에게 새롭게 인정받았다. 그 후 의붓아버지와의 입장은 점차 역전돼 갔다. 독일에서 개업의로서 성공했던 의붓아버지는 유대인이었기 때문에 나치스에 의해 일에 제한을 받았고, 마침내는 재산도 버리고 국외로 이주하게 되었다. 정신분석가로서 성공한 에릭슨은 무일푼이 되어 팔레스타인으로 이주한 부모에게 생활비를 보내줬다. 경제적으로 부담은 됐지만 그에게 이 일은 부정돼 온 과거를 역전한다는 심리적인 의미를 지녔다고 할 수 있다. 과거의 부정적인 체험을 원망이나 보복의 형태로 물고 늘어지는 게 아니라, 적극적으로 극복함으로써 인생에 긍정적인 의미를 부여하고 참된 행복에 이르는 데 성공한 것이다.

그러한 에릭슨의 행동은 철학자 쇼펜하우어Arthur Schopenhauer가 어머니에게 보인 태도와 정반대였다. 쇼펜하우어는 어머니와 갈등을 겪었으며 얼굴을 마주할 때마다 심한 싸움을 반복한 나머지, 20대 중반부터 거의 인연을 끊고 살았다. 어머니는 작가로서 탁월한 성공을 이뤘고 쇼펜하우어의 조바심은 심해졌지만, 점차 어머니가 내리막길로 들어서 경제적으로 어려움을 겪게 되자 그는 복수의 기회를 놓치지 않았다. 도와달라는 어머니의 간청을 거절했던 것이다. 쇼펜하우어는 평생 독신으로 고독한 인생을 보냈지만 마지막까지 어머니에 대한 원망을 잊지 않았다. 그는 인생 후반에 창조적인 업적을 전혀 이뤄내지 못했다.

클린턴은 어린 시절 술을 마시고 어머니에게 폭력을 휘두르는 의붓아버지를 증오했다. 하지만 의붓아버지와 어머니가 잠시 이혼했을 때 클린턴은 자신의 성이 의붓아버지의 성에서 어머니의 성으로 다시 바뀌는 걸 거부했다. 반발을 느끼고 있던 의붓아버지였지만 어릴 때부터 아버지로서 함께 살아온 남자에게 클린턴은 애착을 갖고 있었던 것이다.

클린턴이 조지타운대학교에 다니던 시절에 의붓아버지가 말기 암에 걸렸다. 클린턴은 매주 요양 중인 의붓아버지 병문안을 가서 자신의 꿈을 이야기했다. 그는 옥스퍼드대학교로 유학을 가서 외

교관을 거쳐 정치가가 되고 싶어 했다. 그 말을 들은 의붓아버지는 "너라면 해낼 수 있어" 하고 진심을 담아 말해줬다. 두 사람은 마음으로 화해했고 의붓아버지에게 인정받은 클린턴은 그의 마음을 속박하고 있던 하나의 큰 장애물을 극복할 수 있었다. 자신감이 없고 눈에 띄지 않는 존재였던 소년이 빛나는 매력과 자신감이 넘치는 존재로 다시 태어나는 과정에서, 의붓아버지와의 화해는 중요한 분기점이 됐을 것이다.

젊은 시절의 스티브 잡스는 매우 산만하고 반항적이며 전투적이었고 함부로 말하고 행동했다. 애착장애를 지닌 사람의 전형적인 특징을 나타냈던 것이다. 잡스는 이해득실에 민감했다. 아무것도 믿지 못하는 그가 유일하게 믿은 것은 이익뿐이었다. 그에겐 비즈니스 세계에서 대성공을 거두겠다는 야심이 있었다. 하지만 마음속의 공허감이나 정신적인 불안정은 돈으로 채워지지 않았다.

마음의 안정을 추구한 잡스가 최초로 의지하게 된 것은 약물이었지만 이윽고 그는 약물 대신 동양철학에 끌리기 시작했다. 인도로 방랑의 여행길에 나서기도 하고 승려를 스승으로 섬기기도 했다. 그가 스승에게서 체득한 것 중 하나는 자신의 마음에 떠오르는 생각을 자연스럽게 따르는 일이었다. 그의 색다른 발상이나 번뜩이는 재치는 이 무렵의 가르침과 체험에서 많은 도움을 받았을 것이다.

스승과의 관계는 오래 지속돼 아타리 사Atari(미국의 게임회사_역주)에서 일하던 때부터 그가 애플을 떠나 넥스트Next 사를 창업한 후까지 이어졌다. 아버지와 같은 존재인 스승과의 관계는 그가 애착장애를 극복하는 데 큰 도움을 줬다.

또한 그는 사립 탐정을 고용해 친아버지를 찾으려 했다. 자신의 뿌리를 찾는 일이 정체성을 확립하는 데 필요하다 느꼈기 때문일 것이다. 좀처럼 성과를 얻지 못했지만 애플에서 성공해서 억만장자가 되고 나서도 계속해서 조사를 지시했다. 그리고 체념하고 있을 무렵 여동생을 찾았다는 연락을 받았다. 그는 자신에게 여동생이 있다는 사실조차도 모르고 있었다. 잡스는 그 여동생을 만나 가족의 여러 사정을 알게 되었다. 실은 어머니가 잡스를 임신했을 때 어머니와 아버지는 아직 결혼하지 않은 사이였고 세상의 이목이 두려워 태어난 잡스를 양자로 보냈던 것이다.

그리고 2년 반이 지난 후 여동생이 태어났을 때는 부모가 결혼한 상태였다. 하지만 그로부터 10년 후 부모는 이혼했다. 어머니는 언어치료사로 일하면서 여동생을 키웠고 성인이 된 여동생은 잡지사에서 일하고 있었다. 그는 여동생과 금세 마음을 터놓았고 두 사람은 '친구'가 되었다. 잡스는 여동생에게 자주 전화를 걸어 교류하며 여동생을 버팀목으로 여기게 되었다. 잡스는 스승과 더불어 또 하나의 안전기지를 찾아낸 것이다. 이를 계기로 잡스는 친부모와도 연락을 취하게 되었다. 하지만 한편으론 자신의 양부모가 자신의 '부모'라고 주위에 적극적으로 알리기도 했다.

　이상화한 '환상의 부모'를 극복함으로써 '진짜 부모'를 재발견하고 부모에게 물려받은 것에 감사하는 과정이 잡스의 마음속에 일어났을 것이다. 그는 키워준 부모와의 애착을 재확인하는 동시에 자신의 과거와 화해할 수 있었다. 그럼으로써 그의 애착 유형은 조금씩 안정화의 방향으로 자리를 잡았다. 그가 애플에서 내쫓겼던 상황을 긍정적으로 이겨낼 수 있었던 것도, 그 후 더욱 매력적인 인격으로서 카리스마를 발휘한 것도 그의 내면에서 그러한 애착장애 극복 과정이 진행됐기 때문이다.

친밀한 관계를 만들어간다
애착회피의 딜레마

친밀감을 바탕으로 한 애착관계는 적당한 거리를 유지하기 어렵고 애착장애를 가진 사람에겐 쉬운 일이 아니다. 그 점에서 비교할 때 사회적 또는 직업적 역할을 중심으로 한 관계는 어느 정도 거리를 두고 관계를 맺을 수 있다는 장점이 있다. 이러한 상대적 거리감은 친밀함에 대한 심리적인 압박을 감소시키고 허물없는 관계를 형성한다.

이와 같이 사회적 또는 직업적 역할이라는 틀이 애착불안이나 애착회피의 딜레마에서 어느 정도 자신을 지켜준다. 그래서 사회적 · 직업적 역할을 다하는 가운데 대인관계의 경험을 쌓고 적절히 친밀한 관계를 늘려가는 일은 애착불안이나 애착회피의 극복에 아주 좋은 훈련 기회가 된다.

그런 의미에서 어떤 역할을 맡는 일, 직업을 갖는 일, 그리고 부모가 되어 자녀를 갖는 일은 모두 애착장애를 극복해나가는 데 도움이 될 수 있다. 아무리 애착회피가 강하고 사람을 만나는 데 서툰 사람도 필요에 의해 관계를 맺게 되면 사람을 대하는 요령이 향상되고 아울러, 다른 사람과 함께 무엇인가를 하는 재미도 경험하게 된다. 특히 애착불안이 강한 사람은 역할을 맡는 일이 마음의 안정으로 이어진다. 애착행동에만 신경을 기울이는 상황에서 구조되는 것이다.

애착장애가 있는 사람의 인생을 힘들게 하는 요인 중 하나로, 부정적 인지에 사로잡히기 쉽다는 점을 들 수 있다. 애착장애를 가진 사람은 부모에게 긍정적인 평가를 받지 못한 경우가 많은데, 그 사실이 다른 사람과의 관계에도 영향을 미쳐 자신이나 주위 사람들에 대해 부정적인 평가를 내리는 경향이 있다. 그래서 결국은 대인관계를 원만하게 유지하지 못하고 자신의 능력을 발휘하지 못하게 된다.

그러한 의미에서, 애착장애를 극복하려면 무엇보다 부정적 인지에서 벗어나야 한다. 그래야 자신을 지지해주는 사람과의 관계도 좋아지고 개선의 기회가 점점 늘어간다. 반대로 부정적 인지가 강하면 애써 자신을 지지해주려는 사람들에게 부정적으로 반응해 상처를 입히고 극복할 수 있는 기회의 싹을 잘라내게 될 수 있다.

그럼 부정적 인지에서 벗어나려면 어떻게 해야 할까. 중요한 것은 어떤 사소한 일도 좋으니 자기 나름의 역할을 찾아 완수하려는 자세다. 자신에게 가능한 일, 자신이 잘할 수 있는 일, 다른 사람이 싫어하는 일 등 무엇이라도 좋으니 마음먹고 해볼 일이다. 다만, 자신을 위해 하기보다는 가족이나 주변 사람을 위해서라면 더욱 좋다. 그렇게 계속 해나가다 보면 자신감을 회복하는 실마리가 될 것이다.

이때 중요한 것은 해야 하는 일이나 의무 등 지금껏 자신을 속박하고 있던 것들과 일단 떨어져야 한다는 것이다. 학교나 직장에서의 일 말고도 그 사람이 할 수 있는 일은 얼마든지 있다. 더욱 시야를 넓히고 마음 편하게 몰두할 수 있는 일부터 시작하라. 그 과정에서 자신을 부정하는 마음을 없애고 '나도 잘 할 수 있는 일이 있다' 하고 긍정적인 마음을 회복하는 게 선결 과제다.

또한 부정적 인지를 탈피하려면 '흑 아니면 백'이라는 이분법적 인지에서 벗어나 모든 일을 그대로 받아들이는 통합적 인지를 지녀야 한다. 무언가 싫은 일이나 생각대로 되지 않는 일이 있어도 부정적인 감정에 지나치게 사로잡힐 게 아니라, 사태를 냉정하게 바라보고 시련과 고통 속에서도 긍정적인 의미를 찾으려는 자세가 필요하다.

이러한 발상의 전환으로 유머나 재치를 구사해도 좋을 것이다. 유머를 구사하기 어렵다면 누구라도 금세 할 수 있는 것은 바로 '좋은 점 찾기'다. 아무리 힘든 일이 있더라도 무조건 부정할 게 아니라 '무언가 좋은 점도 있을 거야' 하고 긍정적으로 생각하고 받아들인다면, 이 효과는 놀랄 정도로 크다. 누구에게든 부정적인 시각으로만 보면 좋지 않은 방향으로 흘러갈 것이며, 좋은 점을 찾아 긍정적으로 마주하면 점점 좋은 방향으로 성장해나가기 마련이다. 이러한 사고방식은 애착장애를 지닌 사람에게 특히 중요하다.

부정적 인지에서 벗어나려면 시련과 고통 속에서도
긍정의 의미를 찾으려는 자세가 필요하다.

'내 안의 부모'와의 만남

부모에게 보호하고 이끌어주기를 기대할 수 없고 부모를 대신해 돌봐줄 존재도 가까이 없는 경우, 애착장애를 극복하기 위한 궁극적인 방법은 '자신이 자신의 부모가 되는' 일이다.

한 여성은 대학생 때 무언가 일이 잘못된 순간 스스로 자기혐오에 사로잡혀 침울해진 자신을 깨달았다. '왜 나는 이렇게 금세 자신을 부정하는 것일까?' 하고 골똘히 생각한 결과 다다른 결론은 '부모에게 언제나 부정당하고 학대받으며 자라났기 때문이 아닐까' 하는 것이었다. 하지만 그 여성은 어떻게 하면 그런 자신을 바꿀 수 있을지 고민한 끝에 결심했다. 부모에게 기대하지 말자. 부모에게 인정받고 싶으니 부정당하는 일이 모가 되는 것이다. 내 스스로 부모로서 나에게 어떻게 조언해줄 것인지를 생각하고 '내 안의 부모'와 상담하면서 살아가자. 이 여성은 이렇게 함으로써 자포자기나 부정적인 사고에 빠지는 걸 피하려 했다.

실제로 이 방법은 매우 효과가 있었다. 이유 없는 자기혐오에 빠지는 일이 없어지고 항상 앞을 보고 살아갈 수 있게 됐으며 여러 기회가 열리고 일에서도 대인관계에서도 인정받게 되었다. 자신을 되돌아보는 습관이 붙은 것도 큰 도움이 되었다. '자신이 자신의 부모가 된다'는 생각은 애착의 고통을 알지 못하는 사람에겐 이상하게 받아들여질 것이다. 하지만 부모에게 인정받지 못해 상처를 가진 사람이나 안전기지를 갖지 못한 사람에겐 분명 큰 변화가 있을 것이다.

애착장애를 극복해가는 과정에서 자주 관찰되는 형태로, 후배나 젊은이들을 돌보는 역할을 맡는 경우가 있다. 바로 자신이 '이상적인 부모'가 되어 후배나 젊은이들을 육성하는 방법이다.

나쓰메 소세키는 사람을 잘 사귀지 못했지만 제자가 된 젊은이들과는 적극적으로 관계를 유지했다. 아버지로선 실격이라 해도 좋을 그였지만 제자들을 무척 잘 보살폈다. 모리타 소헤이가 자살미수 사건을 일으켜 사회에서 매장당하게 되었을 때 나쓰메 소세키는 그를 자택에 숨겨주고 다시 작가로서 활동할 수 있도록 도와줬다. 다른 문하생에게도 자식을 대하듯 마음 씀씀이를 보여 돈을 빌려주는 일도 잦았다. 그 금액이 상당한 액수였기에 자신의 생활이 궁핍할 정도였다.

나쓰메 소세키는 어떤 의미에서, 문하생들의 안전기지였던 셈이다. 그것은 그에게 부담이 되기도 했지만, 그러한 관계 속에서 그는 인간적으로 성장할 수 있었고 결국엔 문호의 이름에 걸맞은 경지에 이르렀던 것이다.

애착장애를 극복하는 일은 한 사람의 인간으로서 자립한다는 뜻이다. 여기서 말하는 자립은, 독립해서 다른 사람에게 의지하지 않는다는 의미가 아니다. 필요할 때에는 다른 사람에게 기댈 수도 있지만, 그렇다고 해서 상대에게 종속되는 것이 아니라 대등한 인간관계를 맺을 수 있다는 뜻이다.

자립을 위해선 주위에서 자신의 존재가치를 인정받아야 한다. 이렇게 인정받음으로써 자신감을 갖고 다른 사람과의 관계 속에서 자신의 능력을 발휘할 수 있다. 다시 말해, 자립의 과정은 자신이 주변 사람들에게 인정받고 받아들여지는 과정이며 동시에 그러한 자신에 대해 스스로 수긍하는 과정이기도 하다. 자립이 성공하려면 이 두 가지 과정이 서로 효율적으로 맞물려 앞으로 나아가야 한다.

애착장애를 가진 사람이 그 과정에서 좌절을 겪기 쉬운 이유는 단순하다. 결국 타인에게 받아들여지는 일이 원활하게 이뤄지지 않았던 것이며, 동시에 자신을 받아들이는 일에도 문제가 생겼기 때문이다. 자신이 소중한 사람에게 받아들여지는 과정을 다시 시작하는 동시에 자신을 받아들임으로써 비로소 애착장애의 상처를 회복하고, 정체성을 찾아 참된 의미에서의 자립을 달성할 수 있는 것이다.

애착장애는 부부관계의 유지나 자녀 양육에도 영향을 미치는 특성이 있다. 그 결과 자녀에게 악영향을 초래해 아이의 애착 문제로도 이어질 가능성이 있다. 그러한 악순환의 연결고리를 끊기 위해서도 애착장애를 극복하는 것이 중요하다.

애착장애를 극복한 사람은 특유의 아우라나 빛을 발한다. 그 빛은 슬픔을, 사랑과 기쁨으로 바꾼 보람의 빛이며 또 강인한 정신의 상징이기도 하다.

애착장애를 극복한 사람은 특유의 아우라를 발한다.

EPILOGUE

이제 '진짜 어른'이 되어야 할 시간

애착장애는 아이뿐 아니라 성인에게도 내재돼 있어, 자신도 모르는 사이 행동을 좌우하고 때론 자신에게 해를 끼치는 위험한 방향으로 인생을 틀어놓는다. 그 사람이 지닌 애착 유형은 대인관계뿐 아니라 살아가는 방식의 근본적인 부분을 포함한 다양한 면에 영향을 미친다. 그만큼 중요한 문제인데도 이에 대해 일반인뿐 아니라 전문가의 인식도 매우 뒤처져 있는 게 사실이다. 이것은 '왜 지극정성으로 아이를 키우는 현대사회에서 애착장애를 바탕으로 한 문제가 계속 증가하고 있는 것인가' 하는 의문과도 연관돼 있다.

애착장애라는 것이 유전적 요인의 영향은 원래 적은 데다가 단기간에 변화할 문제도 아니기 때문에 당연히 그 원인은 환경적인 면에서 찾아야 하고 앞으로 그것을 바람직한 방향으로 개선해나갈 필요가 있다. 그러나 최근 수십 년 동안 사회 환경은 애착을 보호하기보다는 경시하고 파괴하는 방향으로 변화해왔다.

가족이나 학교, 직장뿐 아니라 의료나 복지 영역에서조차도 애착이라는 요소는 소홀히 취급돼왔다. 인간의 근간인 애착이라는 바탕이 무너지면, 그에 따라 사회의 유대가 붕괴할 뿐 아니라 개개인 인간도 살아가는 데 어려움을 겪을 수밖에 없다.

왜 혼자가 편할까. 왜 진심으로 사랑할 수 없을까. 왜 사회생활이 두려울까. 왜 결혼하고 아이를 낳는 것이 부담스러울까. 왜 내 아이를 키우는 것이 어려울까.

지금 이 순간에도 애착이 빚은 문제로 괴로움을 겪는 이들이 많을 것이다. 애착이 남긴 상처는 쉬이 사라지지 않고 마음 한구석에 단단한 껍질로 둘러싸여 있다. 그 껍질을 벗기고 그것을 치유하기 위해선 물론 본인의 노력도 중요하지만, 그동안 이 애착 문제를 간과해왔던 전문가들의 의식 전환 그리고 주위 사람들의 부단한 관심과 사랑이 절실히 요구된다. 서로 진정어린 이해와 공감이 통한다면 어느 순간 치유에 이르기 위한 길이 활짝 열릴 것이라 믿는다.

무엇보다 본인 스스로 그것을 극복하려는 의지와 점진적인 노력이 필요하다. 상처받은 나와 화해하고 진짜 나를 알기 위해선 먼저 자신에 대한 부정적 인지로부터 벗어나야 한다. 이때 부분이 아니라 전체의 틀 안에서 세계를 바라보려는 시선이 필요하다. 그 시선 속에서 긍정적인 부분을 찾고 꽃을 피운다는 심정으로 마음속에 그러한 긍정을 하나둘 심어나가자.

어느 날 갑자기 세계가 달리 보이기 시작하고 차오르는 자신감을 얻게 될 것이며, 또 자신에게 상처를 안겨준 부모나 양육자를 비롯한 이들을 비로소 이해하고 용서하게 될 것이다. 이러한 과정을 차근차근 밟아나가야 마침내 진정한 의미의 치유에 다다를 수 있고 행복을 껴안을 수 있다.

부록

애착 유형 진단 테스트

아래 질문에 대해 과거 몇 년 동안 자신의 경향을 떠올리며
해당되는 번호를 선택하십시오.
단, '어느 쪽이라고 대답하기 어렵다'가 지나치게 많아지면
검사의 감도는 낮아지므로 주의하세요.

I

1. 적극적으로 새로운 일을 하거나, 새로운 장소에 나가고 새로운 사람을 만나는 편입니까?
   ① 예
   ② 아니오
   ③ 어느 쪽이라고 대답하기 어렵다
2. 누구와도 금세 친해지거나 마음이 편안해지는 편입니까?
   ① 예
   ② 아니오
   ③ 어느 쪽이라고 대답하기 어렵다
3. 어려운 일이 생겨도 어떻게든 되겠지, 하고 낙천적으로 생각하는 편입니까?
   ① 예
   ② 아니오
   ③ 어느 쪽이라고 대답하기 어렵다

4. 친한 친구나 지인을 마음으로부터 신뢰하는 편입니까?
   ① 예
   ② 아니오
   ③ 어느 쪽이라고 대답하기 어렵다
5. 다른 사람을 탓하거나 공격적이 되기 쉬운 성향이 있습니까?
   ① 예
   ② 아니오
   ③ 어느 쪽이라고 대답하기 어렵다
6. 지금까지 경험하지 못했던 일을 할 때 불안을 느끼는 편입니까?
   ① 예
   ② 아니오
   ③ 어느 쪽이라고 대답하기 어렵다
7. 당신의 부모 또는 양육자는 당신에 대해 냉담한 면이 있습니까?
   ① 예
   ② 아니오
   ③ 어느 쪽이라고 대답하기 어렵다
8. 사람은 배신하거나 믿을 수 없는 존재라 생각합니까?
   ① 예
   ② 아니오
   ③ 어느 쪽이라고 대답하기 어렵다
9. 당신의 부모 또는 양육자는 당신을 높이 평가해주기보다는 비판적입니까?
   ① 예
   ② 아니오
   ③ 어느 쪽이라고 대답하기 어렵다

10. 어린 시절의 추억은 즐거운 일이 많은 편입니까?

    ① 예

    ② 아니오

    ③ 어느 쪽이라고 대답하기 어렵다

11. 당신의 부모 또는 양육자에게 매우 고마워하고 있습니까?

    ① 예

    ② 아니오

    ③ 어느 쪽이라고 대답하기 어렵다

12. 괴로운 일이 있을 때 부모나 가족을 떠올리면 기분이 안정됩니까?

    ① 예

    ② 아니오

    ③ 어느 쪽이라고 대답하기 어렵다

13. 곁에 있지 않아도 한 사람을 오랫동안 생각하는 편입니까? 그렇지 않으면, 다른 사람을 금세 찾는 편입니까?

    ① 한 사람을 계속 생각하는 편이다

    ② 다른 사람을 찾는 편이다

    ③ 어느 쪽이라고 대답하기 어렵다

II

14. 좋고 싫음의 차이가 심한 편입니까?

    ① 예

    ② 아니오

    ③ 어느 쪽이라고 대답하기 어렵다

15. 무척 좋은 사람이라고 생각했는데 환멸을 느끼거나 싫어진 일이 있습니까?
    ① 자주 있다
    ② 별로 없다
    ③ 어느 쪽이라고 대답하기 어렵다
16. 종종 초조하거나 우울해지는 편입니까?
    ① 자주 있다
    ② 별로 없다
    ③ 어느 쪽이라고 대답하기 어렵다
17. 자신에겐 그다지 장점이 없다고 생각한 적이 있습니까?
    ① 자주 있다
    ② 별로 없다
    ③ 어느 쪽이라고 대답하기 어렵다
18. 거절당하는 게 아닐까, 하고 불안해진 적이 있습니까?
    ① 자주 있다
    ② 별로 없다
    ③ 어느 쪽이라고 대답하기 어렵다
19. 좋은 점보다 나쁜 점이 더 신경 쓰입니까?
    ① 예
    ② 아니오
    ③ 어느 쪽이라고 대답하기 어렵다
20. 자신에게 자신감이 있는 편입니까?
    ① 예
    ② 아니오
    ③ 어느 쪽이라고 대답하기 어렵다

21. 다른 사람에게 의지하지 않고 결단을 내리거나 행동할 수 있는 편입니까?

    ① 예

    ② 아니오

    ③ 어느 쪽이라고 대답하기 어렵다

22. 자신은 그다지 사람들에게 사랑받지 못하는 존재라 생각합니까?

    ① 예

    ② 아니오

    ③ 어느 쪽이라고 대답하기 어렵다

23. 무언가 싫은 일이 있으면 질질 시간을 끄는 편입니까?

    ① 예

    ② 아니오

    ③ 어느 쪽이라고 대답하기 어렵다

24. 당신의 부모 또는 양육자에게 자주 상처받는 일이 있습니까?

    ① 예

    ② 아니오

    ③ 어느 쪽이라고 대답하기 어렵다

25. 당신의 부모 또는 양육자에 대해서 분노나 원망을 느낀 적이 있습니까?

    ① 예

    ② 아니오

    ③ 어느 쪽이라고 대답하기 어렵다

III

26. 힘들 때 친한 사람에게 연락을 취하는 편입니까? 그렇지 않으면, 힘들 때일수록 가까이 하지 않는 편입니까?

    ① 연락하거나 만난다

    ② 만나지 않는다

    ③ 어느 쪽이라고 대답하기 어렵다

27. 친한 대인관계는 당신에게 중요합니까?

    ① 매우 중요하다

    ② 그렇게 중요하지 않다

    ③ 어느 쪽이라고 대답하기 어렵다

28. 항상 냉정하고 차분한 편입니까?

    ① 예

    ② 아니오

    ③ 어느 쪽이라고 대답하기 어렵다

29. 끈끈한 관계는 질색입니까?

    ① 예

    ② 아니오

    ③ 어느 쪽이라고 대답하기 어렵다

30. 연관이 있던 사람과 헤어져도 금세 잊는 편입니까?

    ① 예

    ② 아니오

    ③ 어느 쪽이라고 대답하기 어렵다

31. 사람을 사귀는 일보다 자신의 세계가 중요합니까?

　① 예

　② 아니오

　③ 어느 쪽이라고 대답하기 어렵다

32. 의지할 수 있는 것은 자신의 능력밖에 없다고 생각합니까?

　① 예

　② 아니오

　③ 어느 쪽이라고 대답하기 어렵다

33. 옛날 일을 그다지 그리워하지 않습니까?

　① 예

　② 아니오

　③ 어느 쪽이라고 대답하기 어렵다

34. 감정을 표정에 그다지 드러내지 않는 편입니까?

　① 예

　② 아니오

　③ 어느 쪽이라고 대답하기 어렵다

35. 연인이나 배우자에게도 프라이버시는 침해당하고 싶지 않습니까?

　① 예

　② 아니오

　③ 어느 쪽이라고 대답하기 어렵다

36. 가까운 사람과 피부를 닿거나 포옹하는 등 스킨십 하는 걸 좋아합니까?

　① 좋아하는 편이다

　② 그다지 좋아하지 않는다

　③ 어느 쪽이라고 대답하기 어렵다

37. 어릴 때의 일을 잘 기억하는 편입니까?

　① 잘 기억난다

　② 별로 기억나지 않는다

　③ 어느 쪽이라고 대답하기 어렵다

38. 가까운 사람과 있을 때 배려하는 편입니까?

　① 예

　② 아니오

　③ 어느 쪽이라고 대답하기 어렵다

39. 힘든 일이 있을 때 타인은 친절하게 도와주는 존재라 생각합니까?

　① 예

　② 아니오

　③ 어느 쪽이라고 대답하기 어렵다

40. 타인의 선의에 선뜻 의지하는 편입니까?

　① 예

　② 아니오

　③ 어느 쪽이라고 대답하기 어렵다

41. 실패를 두려워하고 도전을 피한 적이 있습니까?

　① 예

　② 아니오

　③ 어느 쪽이라고 대답하기 어렵다

42. 사람과 이별할 때 매우 슬퍼하거나 동요하는 편입니까?

　① 예

　② 아니오

　③ 어느 쪽이라고 대답하기 어렵다

43. 타인에게 간섭받지 않고 혼자 자유롭게 살아가는 게 좋습니까?
   ① 예
   ② 아니오
   ③ 어느 쪽이라고 대답하기 어렵다

44. 당신에겐 일이나 학업과, 연애나 대인관계 중 어느 쪽이 중요합니까?
   ① 일이나 학업
   ② 연애나 대인관계
   ③ 어느 쪽이라고 대답하기 어렵다

45. 당신이 상처 입거나 침울해 있을 때 타인이 위로해주거나 이야기를 들어주는 일은 얼마나 중요합니까?
   ① 매우 중요하다
   ② 그다지 중요하지 않다
   ③ 어느 쪽이라고 대답하기 어렵다

집계 방법

각 질문에 대한 대답을, 다음 표의 대답번호 란에 기입해주세요. 질문번호와 대답번호가 어긋나지 않도록 주의하세요. 대답번호와 일치하는 번호가 우측의 A, B, C 란에 있으면 그곳에 동그라미(○)를 쳐주세요. 작업이 모두 끝나면 A, B, C에 각각 ○가 몇 개인지 세어 합계 란에 기입해주세요.

질문	대답	A	B	C
1		1		
2		1		2
3		1		
4		1		
5		2		
6		2		
7		2		
8		2		
9		2		
10		1	2	
11		1	2	
12		1	2	
13		1	2	
14			1	
15			1	
16			1	
17			1	
18			1	
19			1	
20			2	
21			2	
22		2	1	
23		2	1	
24		2	1	
25		2	1	
26				2
27				2
28				1
29				1

질문	대답	A	B	C
30				1
31				1
32				1
・ 33				1
34				1
35				1
36				2
37				2
38		2	1	
39		1		2
40		1		2
41				1
42			1	2
43			2	1
44			2	1
45				2
합계				

측정 방법

A, B, C의 합계점수는 각각 '안정형 애착 점수' '불안형 애착 점수' '회피형 애착 점수'입니다.

우선, 어느 점수가 가장 높은지에 주목하세요. 그것이 당신의 기본적인 애착 유형입니다. 특히 15점 이상인 경우엔 그 경향이 매우 강하며, 10점 이상인 경우엔 강하다고 판정됩니다. 그리고 두 번째로 점수가 높은 항목에도 주의해야 합니다. 5점 이상인 경우, 그 경향도 무시할 수 없는 요소입니다. 다음 표에 결과를 종합적으로 판단해 각 애착 유형의 판정 기준과 특징을 설명했습니다.

덧붙여 '≫'는 '매우 강하다'의 의미이며 여기에선 5점 이상의 차이를 판정하는 기준으로 삼기 바랍니다.

각 애착 유형의 판정기준과 특징

애착 유형	판정기준	특징
안정형	안정형 점수 ≫ 불안형, 회피형 점수	애착불안, 애착회피 모두 낮고 가장 안정된 유형
안정-불안형	안정형 점수 > 불안형 점수 ≧ 5	애착불안 경향이 보이지만 전체적으로 안정된 유형
안정-회피형	안정형 점수 > 회피형 점수 ≧ 5	애착회피 경향이 보이지만 전체적으로 안정된 유형
불안형	불안형 점수 ≫ 안정형, 회피형 점수	애착불안이 강하고 대인관계에 민감한 유형
불안-안정형	불안형 점수 ≧ 안정형 점수 ≧ 5	애착불안이 강하지만 어느 정도 적응력이 있는 유형
회피형	회피형 점수 ≫ 안정형, 불안형 점수	애착회피가 강하고 친밀한 관계를 맺기 힘든 유형
회피-안정형	회피형 점수 ≧ 안정형 점수 ≧ 5	애착회피가 강하지만 어느 정도 적응력이 있는 유형
공포-회피형	불안형, 회피형 점수 ≫ 안정형 점수	애착불안, 애착회피 모두 강하고 상처받는 데 민감하며 의심이 많은 유형

상처받은 유년의 나와 화해하는 법
나는 상처를 가진 채 어른이 되었다

제1판 1쇄 발행 | 2014년 6월 30일
제1판 19쇄 발행 | 2025년 3월 5일

지은이 | 오카다 다카시
옮긴이 | 김윤경
펴낸이 | 김수언
펴낸곳 | 한국경제신문 한경BP
책임편집 | 마현숙
저작권 | 백상아
홍보 | 서은실 · 이여진
마케팅 | 김규형 · 박도현
디자인 | 이승욱 · 권석중
본문디자인 | 디자인 현

주소 | 서울특별시 중구 청파로 463
기획출판팀 | 02-3604-556, 584
영업마케팅팀 | 02-3604-595, 583 FAX 02-3604-599
H | http://bp.hankyung.com E | bp@hankyung.com
F | www.facebook.com/hankyungbp
등록 | 제 2-315(1967. 5. 15)

ISBN 978-89-475-2962-4 13180

프런티어는 한국경제신문 출판사의 인문 브랜드입니다.
책값은 뒤표지에 있습니다.
잘못 만들어진 책은 구입처에서 바꿔드립니다.